Semerby
从超级个体
到品牌航母的托举之路

进阶之
——超级
者成长秘

美业寒
深度思

进阶

七项精进
认知突围的

林一景 著

文化发展出版社
Cultural Development Press
·北京·

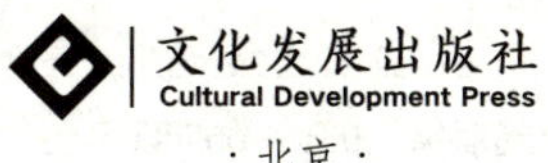

图书在版编目（CIP）数据

进阶 / 林一景著 . — 北京 ：文化发展出版社，2025. 7. — ISBN 978-7-5142-4719-0

Ⅰ . F272.92

中国国家版本馆 CIP 数据核字第 2025DC2275 号

进阶

林一景 著

责任编辑：孙 烨　　责任校对：侯 娜

责任印制：邓辉明　　封面设计：孙 怡

出版发行：文化发展出版社（北京市翠微路 2 号　邮编：100036）

网　　址：www.wenhuafazhan.com

经　　销：全国新华书店

印　　刷：河北盛世彩捷印刷有限公司

开　　本：880mm × 1230mm　1/32

印　　张：9.25

字　　数：177 千字

版　　次：2025 年 7 月第 1 版

印　　次：2025 年 7 月第 1 次印刷

定　　价：79.00 元

I S B N：978-7-5142-4719-0

◆ 如有印装质量问题，请电话联系：0318-6658666

PREFACE

■ 序　言 □□

亲爱的读者：

此刻，我坐在自己平时用来接待朋友的会所里，望着窗外的一片嫩绿。春风有信，花开有期，所有的美好都在路上……

13年前刚毕业时那个为省50元车费，走路两个小时回宿舍的愣头青，从月薪5000元的职场菜鸟，到今天成为服务过超100家企业，其中不乏产值过10亿的企业顾问；从一开始上台手心出汗，大脑一片空白的理工男，到成为培养出不少年薪百万的创业者的导师；从内心自卑，无人脉、无背景的小镇青年，到成为今天布局产业链，成为多家公司的股东。我很清楚，一开始我的底子很薄，是一个普通得不能再普通的连续创业者，是一路上贵人的扶持、朋友的帮助、客户的肯定、学员的嘉许，再加上我对自己走的每一步的复盘和思考，才让我有了今天的蜕变和成长。

2021年的夏天，我讲完课，有学员问我："老师，你有书吗？你的课程我超级喜欢，有种被疗愈的感觉，我想再深度学习！"

我尴尬地回复道："以后会有的……等我哈！"

那一天，我有了写本书的想法。我也特别感谢这个至今都没有再联系上的学员。

但可惜的是，我一直没有勇气动笔，因为我怕误人子弟，更怕面对还没有形成体系的自己。

直到2023年，我收到好朋友的第6本畅销书，内心再次涌起写书的冲动……

于是我从2023年年底开始酝酿这本书的写作。一年多的时间里，我一边忙工作，一边请教好朋友和他的团队，在忙里偷闲中，把我认为行之有效的思路和想法记录下来，并进行多次修改与调整。

我始终相信，人生如围棋，每个棋手都会遇到决定胜负的"天王山时刻"。在那些重要时刻，我们都需要有人生教练或者指导思想。做任何一件事情，不同的人会有不一样的结果，这取决于一个人思考的逻辑。声音到达的地方，思想一定先到达。

2024年，我在南京做了一场千人大会演讲后，收到一位学员深夜发来的消息："林老师，您今天所讲的超级高手的进阶修炼，其中认知升维的方法论，解开了我3年来的经营困局。"正是这个瞬间让我顿悟：真正的商业智慧，不该被锁在MBA（工商管理硕士）课堂的象牙塔里，而应成为每个奋斗者的生存装备。在这个“内卷”的市场环境中，每个人都希望自己成为经营高手，武装好自己，以应对随时变化的商业环境。

本书每章包含6节相关的进阶内容和1节进阶修炼，其中有我过去的思考逻辑和实操策略，以及被验证且拿到结果的部分案例，帮你成为更加厉害的经营高手。

本书没有玄虚的理论，有的是被上千名学员亲测有效的心智训练系统。你看到的不是某个权威在布道，而是一个持续进化的生命体在商业丛林中的生存手记。每章最后的进阶修炼，都是我从咨询案例中提炼出的沉浸式自我训练场。当你完成全部思维训练后，会发现自己已然站在新的维度，这能更好地推动你事业的发展。

本书可能不会让你立刻脱胎换骨，但我希望它能成为你时常翻阅的“进化地图”。因为我也是从泥泞里爬出来的普通人，所以更清楚每一个有梦想的奋斗者在进阶路上会遇到的陷阱。

当你心力缺失的时候，请翻开这本书，你能感受到一个跟你一样的灵魂正在跟你对话。

当你需要被提醒的时候，请翻开这本书，你能从里面的某个章节找到你想要的答案，并付诸行动。

当你想成为一名经营高手的时候，请翻开这本书，那些进阶的路径能带给你不一样的启发。

谨以这些文字，献给所有不甘平庸的奋斗者，献给所有在深夜里与自己较劲的灵魂。当你某天站在新的高度回望，你会发现那些令你辗转反侧的夜、那些撕碎又重组的认知、那些在无人处反复打磨所下的功夫，早已化作你掌心的老茧，成为丈量世界的尺度。

希望社会因为我们的存在而变得更加美好！成为经营高手的路，道阻且长，但当我们点燃内心的火种时，每个脚印都会成为后来者的路标。

高手们，让我们开始吧……

林一景

2025年4月于厦门

CONTENTS

目 录

第一章 认知篇

第二章 | 定位篇 |

第三章 | 心法篇 |

第四章 | 改变篇 |

第五章 | 成事篇 |

第六章 | 财富篇 |

第七章 | 觉醒篇 |

第一章

认知篇

认知，就是你解读这个世界的方式。认知的本质，不是获取更多信息，而是突破思维的局限。

你赚的每一分钱，都是你认知的变现。

认知的高度，决定了你创造的价值深度；价值的深度，则决定了你的财富上限。

第一节　方向

拉长时间轴，用未来的眼光看现在

假如今天是你人生的最后一天，请静静地闭上眼睛，冥想3分钟。这一生，你还有哪些遗憾未曾释怀？你过的是怎样的一生？

很多人得知自己的人生即将走到尽头时，会经历一系列复杂的情感变化：恐惧、欣慰、感恩、不甘……但最终他们都会接受命运的安排，找到内心的平静，然后离开。

当被问到人生是否还有一些遗憾，或者如果人生重来一次，希望有哪些改变，他们的答案竟然惊人相似，排名首位的是："我希望能过属于自己的人生，而不是按他人的期望生活。"

没能过属于自己的人生是所有临终者最常见的遗憾。当生命即将结束时，很多人回首往事，才后知后觉地发现，自己有许多梦想未曾实现。大部分人甚至连一半梦想都没能实现，就要面对死亡。而造成这一切的，不是别人，正是他们的选择。

在人生的道路上，至少给自己几次冒险的机会，去感受为梦想全力以赴的滋味。尤其在身体条件允许的时候，我们更应该努力追求生命中的所想、所爱。健康带给人的自由很少有人能意识到，往往直到失去才后悔莫及。

所幸，我们的余生还很长，与其临终时后悔没有按照自己的意愿过一生，不如现在就思考，自己想过什么样的人生。

你想成为什么样的人？

小时候，老师一定问过我们："长大后你想成为什么样的人？"不知道你是否还记得你当时的答案。长大后，等你见过很多人后，你有没有在某个瞬间特别希望自己成为哪种人？

比如，有好的创意，积累了很多资源，通过创业成为独霸一方的老板；

比如，有过硬的技能，经过长时间的沉淀，成为某领域独一无二的专家；

比如，有独特的产品，能切中市场痛点，成为满足用户需求的产品经理；

比如，有超高的认知，能帮企业实现业绩增长，成为以一顶百的企业顾问；

再如，有过人的思维，形成了自己的思想体系，成为影响别人的超级IP（影响力资产）……

这些我们想成为的人，都属于各自领域的高手。我们都希望成为别人心目中的高手，不是吗？

可是，在成为高手这条路上，困难重重，荆棘满布。需要付出太多，并且成功率太低，有一定的风险。如果仅仅是为了获得外在财富，我们的确很难一直有动力，甚至想想就算了。

所以，真正驱动我们想成为高手的不是外在的财富，而是内在使命的召唤。高手和普通人的区别，不在于能力的差距，而在于是否拥有使命。使命让我们在平凡中看到不凡，在琐碎中找到价值。哪怕最终结局是成为炮灰，你的事故也能成为值得你骄傲的故事。

这种使命感一直驱动着我。无论是面对失败还是挫折，我都坚信自己在走一条正确的道路。正是这种使命感，让我不断地追求卓越，努力跃迁成为高手。

还记得2016年，佛山一家企业找到了我。这家企业有5位股东，当时的年营业额已达到几千万。然而，团队业绩增长出现了一些问题。我与他们交谈并了解情况后，发现问题并不在外部，而在内部。

于是，我带领这5位股东来到他们的仓库——这里是他们梦想开始的地方，召开了一次战略复盘会议，并让他们准备好笔和纸，开始复盘。

首先，坦诚交流，剖析团队内部问题。每个股东都真诚地分享在合作过程中对方有哪些让自己不满的地方，把这些问题摆上台面，别怕被刺痛。因为只有敢于面对不和谐，才能真正扫清前行的障碍。

其次，欣赏优势，挖掘团队内在潜能。发现彼此的长处和贡献，并赞美对方。这不仅仅是尊重，更是让股东们发现彼此内在潜力的重要一步。大家的优势互补，正是企业从优秀走向卓越的关键所在。

最后，共绘蓝图，定义团队的愿景与使命。集思广益，共同制定企业的长远目标和发展方向。清晰的愿景是激发动力的源泉，坚定的使命是凝聚大家的核心。每一步的踏实前行，都是为了实现共同的梦想。让股东们看见，并向着更高的目标迈进。

会议从上午10点一直进行到次日凌晨3点，我们甚至在仓库里一起吃饭、喝酒。最终，这五位股东相拥而泣，抱成一团，达成了和解和共识。结果，这次会议后，他们的业绩开始大幅增长，次年几乎翻了3倍，从几千万增长到一个多亿。

通过这件事，我深刻认识到，很多时候企业的问题不在于战略本身，而在于执行和沟通。后来股东们复盘，当时我在他们仓库里召开的那场会议，对他们企业的发展起到了决定性作用。

这件事也坚定了我对于品牌战略咨询的信心，我想通过商业战略咨询，帮助更多企业实现更高的业绩增长。所以，每次遇到各种品牌问题时，我都会进入心流状态，并且充满信心，通过战略复盘和深度沟通，找到问题的根源，并解决问题。

每次辅导企业时，我发现很多创始人会陷入自己的固有陷阱，而这个陷阱源于他们的行为模式习惯。所以，我认为一个战略咨询顾问的核心任务，是帮助企业经营者从困局中抽离出来，站在更高的维度审视所做的一切。

帮助企业经营者拉长时间轴，看到更远的未来，而不是局限于眼前的困难。只有这样，才能不断突破自我，实现更大的目标。很多企业都存在业绩一直停滞不前的问题，当我为他们做完战略咨询后，企业在配合执行的情况下，一年内可以增长5到10倍的业绩。

这样的结果让我更加坚定了使命，也坚定了我成为商业战略咨询顾问的决心，我想成为更有影响力的人，帮助更多企业和个人实现业绩增长。

我们怎样才能知道自己想要什么呢?

记录你的美好时光，也就是觉察两种状态：你的能量波动和心流体验。

首先是能量波动。我们每天从事的各种活动，无论是体力活动还是脑力活动，都在消耗我们的能量。不同的是，在一些活动中，我们能感觉到的能量大于消耗的能量。

比如，你喜欢写作，那么当你写完一篇文章时，你获得的成就感与喜悦大于你在写作时消耗的能量，这时你会感觉自己心情愉快、精力充沛。以此为标准，看看哪些事能让你感觉精神愉悦，哪些事你要咬着牙才能坚持下去。

其次是心流体验。心流，是指完全沉浸在某种状态中。当我们因为某项活动而处在心流状态时，我们会感到时间似乎静止了，或者完全意识不到时间的流逝；我们清楚地知道自己在做什么以及怎么做，同时内心感到极度兴奋，但外在又表现得很冷静。

无论从事体力活动还是脑力活动，我们都有可能进入心流状态。用心观察并记录心流体验，是我们前行的风向标。

如果你不喜欢某份工作，其实可能是指你不喜欢工作中的某一部分。如果你觉得现在的工作令你不开心，可以试着记录下工作中的美好时刻，找到能够激发你潜能的事情，感受心流，再调整自己的工作重心。

找到你内心深处的使命，赋予它意义，然后全力以赴，你将无所不能。那时，你就会有自己的目标，知道自己想要什么，然后坚定地在自己的轨道上前进。

以终为始地思考现在的每一步。当你站在未来回望今天，你会明白每一个选择、每一分努力都在铺就一条通往成功的道路。你今天的每一次付出，都是在为未来的成功奠基。

一个人的蜕变是从对自己重新定位开始的！

当你知道自己想成为什么样的人，5年后、10年后、20年后……你会惊奇地发现：原来，那些出现在我生命中的挑战和困难，都是助力我成为想成为的人最丰盛的营养。

第二节 信念

人生是增强吸引力的游戏

非洲草原上，狮群会本能地追随最强壮的领袖；社交场合中，人们会不自觉地靠近能量更高的人；商业战场上，资源永远流向更具魅力的品牌。吸引力，是刻在人性基因中的导航系统——它无关善恶，只关乎生存与进化。

我们这一生要经营的到底是什么？其实，就是吸引力！

但多数人误解了吸引力，以为它取决于颜值、财富或技巧。实际上，吸引力是一门科学——它遵循人性的底层逻辑，受信念的驱动，借行动显化。一个人真正的魅力，从来不是静态的“拥有”，而是动态的“成为”。

吸引力的本质：人性深处的三大磁极

1.安全磁极：靠近你，我能变得更好

人，都是慕强的，总是追随那些力量强大的人——无论是远古时代的部落首领，还是现代的商业大佬。每个人都更愿意靠近能给自己提供认知、资源或情绪价值的个体。就像董宇辉凭借“知识赋能”的磁场，深受“丈母娘”们的喜欢，在直播间创造了单日破亿的销售额。吸引力等于你能创造的“确定性增量”。

2.进化磁极：人们爱的不是现在的你，而是未来的自己

普通人的社交是炫耀现有的成就，而高手的策略是构建共同进化场景。譬如，跟我合作，你的成功概率会提高50%。就像乔布斯当初邀请百事可乐总裁时所说：“你是想卖一辈子糖水，还是跟我一起改变世界？”所以，你看，吸引力不是让人喜欢你，而是让人喜欢和你在一起的自己。

3.悖论磁极：极致矛盾产生致命吸引力

心理学中的“方向力法则”揭示了矛盾特质会激活大脑奖赏系统。真正的魅力往往源于对立统一。就像叶茂中所讲的冲突，以及让你欲罢不能的短视频都有矛盾和反转。

那么我们如何经营自己的吸引力呢？

吸引力的增强是一次从信念到能力的蜕变之旅。它不是追求来的，是你停止自我证明，成为照亮别人的“光”之后自然显现出来的。

记住这个公式：吸引力=信念强度×能量频率×行动密度。

1.信念强度：重建你的认知地基

你不可能吸引到你潜意识里觉得自己配不上的东西。我允许我自己闪耀，我配得上这个世界上所有美好的东西。信念是这个世界上影响你最深的，你要在你的内心勾勒出你想要的世界，然后不遗余力地实现它。

2.能量频率：确信你的价值锚点

经营你想要的能量场域，时间只留给对你有感觉的人。当一个人能同时展示高度的自信和关爱时，他就能散发出人格魅力。当然，你要做到言行一致。你是谁，就能吸引谁。

3.行动密度：启动你的魅力杠杆

你可以进行一个21天吸引力增强实验，每天早上对着镜子做确认：我配得这世界上最好的一切。

每晚记录三条“今日吸引力证据”，比如陌生人搭讪，获得意外机会；

每周断网半天，阅读＋写作＋冥想等；

每月清理三个能量消耗源，比如放弃无效社交，清理家里不用的东西。

2019年，有一个学员小童跟着我学习，那时她刚生完宝宝不到一年时间。在课堂上，她倾诉内心的自卑，不想做一个手心向上的家庭主妇，想证明给她在乎的人看。她边说，眼泪边往下掉。

当时，我察觉到她内心的小宇宙，鼓励她不要用证明模式开启自己的“回归”之旅。我跟她说：“亲爱的小童，难道你不觉得你成为妈妈后，更有知性的魅力了吗？”

顶级的魅力从来都不是完美，而是“接纳全部自我”的笃定。

人生本是一场增强吸引力的游戏。我们要做的，是不断提升自己的吸引力。为了鼓励她，我给她设定了一个对标偶像，按照吸引力公式开启她的重生之旅。

小童的执行力很强，按照吸引力公式经营自己的吸引力。除了注重自己的外在形象，她还注重内在的提升，接纳完全的自己，精进自己的能力。果不其然，这些投入仿佛在她身上施展了魔法，她整个人焕发出前所未有的光彩。

一年后，当我再次见到小童时，她已经完全变了一个人。她的外貌和气质都发生了巨大变化，从内到外焕然一新。更重要的是，她的年收入也大幅增长，达到数百万。她不仅成为许多“90后”创业女性的偶像，还在行业内树立了自己的品牌形象。

小童通过不断学习和提升自己的吸引力，从优秀走向了卓越。人性都是慕强的。你懂得了人性，就能够洞悉人性中不变的规律，把迎合、讨好别人的精力用在使自己变强上。你会发现：当你找到了自己，世界也会找到你。

在人生这场游戏中，如果只做一件事情，那就是增强自己的吸引力！

第三节 价值

经营奢侈品哲学，散发你的独特光芒

在这个物质丰裕的时代，人们都在追逐名牌包包、限量腕表、高级定制服装，却常常忽略一个真相——你才是自己一生中最值得投资的“奢侈品”。奢侈品之所以珍贵，不在于价格标签，而在于稀缺性、独特性、极致工艺和永恒价值。人亦如此。当你把自己视为一件奢侈品去打磨，你的人生便自带高级感。你要明白，你才是你人生中最重要的作品！

那么问题来了，你现在是什么“品”？

半成品 仿制品 随便品

废品 奢侈品 绝世珍品

半成品　一直在修炼之路上，始终感觉差口气，有时候状态满满，有时候迷茫困顿；有时候坚信自己，有时候犹豫不决；有时候自己感觉良好，有时候处在崩溃边缘。

仿制品　表面精致，内心粗糙。一直都活在别人的看法中，委屈地讨好身边人，从来没有为自己而活过。原本生来都是限量款，可惜活成了“山寨货”。

随便品　吃饭随便、工作随便、结婚随便，做什么事情都随便。不曾轰轰烈烈过，却安慰自己平平淡淡才是真。说自己“佛系”，其实是无能为力。

废品　基本躺平，在家啃老，人生毫无斗志，过一天算一天。

奢侈品　价格昂贵，属于稀缺资源，每个人都想要。配不上的人不敢靠近。自带高级感，一出现就是焦点，能给人带来自信。像光一样，能给人以方向，给人以力量，给人以希望。

绝世珍品　像小时候课本里的青铜器“马踏飞燕”，像齐白石的虾、徐悲鸿的马，像达·芬奇的《蒙娜丽莎》，像凡·高的《向日葵》，像罗丹的雕塑，像莫扎特的音乐，像迈克尔·杰克逊的舞蹈，让人欲罢不能，念念不忘。

过去是什么不重要，重要的是接下来你想怎么经营自己。暂且不谈如何成为绝世珍品，先谈一谈我们如何将自己雕琢成奢侈品。

答案是：活出无可替代的自己！

第一，身份认同的自我定位，这至关重要。

现代社会的竞争早已超越“技能比拼”，进入“个人品牌价值”的赛道。普通商品可以被复制、被替代，而奢侈品永远只为少数人存在。当我们开始给自己定义新的身份时，这意味着我们人生的破局之路已经开始。

从此刻开始，我坚信：我是一个人见人爱的奢侈品！我不需要成为第二个×××，我已经足够耀眼。

普通品思维是追求标准化，迎合大众，用时间和体力换取生存；奢侈品思维则是专注于稀缺价值，塑造独特性，用认知和能量定义存在。

把自己活成奢侈品不是虚荣，而是一种战略选择。这意味着：

1.拒绝平庸。不盲目追逐潮流，而是定义自己的规则。

2.极致专注。在擅长的领域做到无可挑剔。

3.长期主义。用时间沉淀价值，而非短期逐利。

就像香奈儿女士一生坚持“经典永存”的设计理念，她说：“时尚易逝，风格永存。”她本人就是这句话的最佳注解：从孤儿院女孩到时尚帝国创始人，她将自己活成了超越时代的传奇。

第二，拒绝内耗，形成自己的能量场。把自己定价为奢侈品，世界便不敢给你打折！

你是否在人际交往中认为自己对别人足够好，别人就会回馈对等的善意？如果对方的反馈不符合你的预期，你就开始患得患失，纠结自己哪里做得不好。其实，这就是典型的内耗。当你以弱者自居时，有个很显著的特点：你的能量无时无刻不在流失，所以很容易陷入低能量状态。

你要赶紧醒醒呀！别人怎么对待你，是由你怎么对待自己决定的。

你想象一下：如果你的能量场很强，像一块巨型强磁石，那么无论到任何场合，所有资源、人脉、项目、金钱都会吸到你身上。

经营能量最快的方式，就是主动改变自己的环境，和高能量的人在一起。重要的是学习他们在干什么，想什么，是如何思考的，思考模型是什么，是怎样的行为方式。因为能量场强的人的思考方式都是相近的，你弄明白了，就能把它变成自己的。

第三，勇猛精进，用运作限量版的决心雕琢自己。

真正的奢侈品从不靠营销噱头，而是用独特的气质征服世界。真正的限量版人生，从拒绝“差不多”开始。若你能按照以下特质勇猛精进，便迈出了最关键一步。

1.稀缺性：挖掘你的“天赋印记”，对自己做差异化定位。像乔布斯将极简主义与科技融合，创造了苹果的稀缺性。

2.独特性：建立你的“个人品牌符号”，如视觉符号、语言符号。像爱马仕铂金包定制化服务就是一种身份的象征。

3.高品质：用“匠人精神”打磨细节，经得起放大镜的检验，拒绝差不多。

4.持久价值：投资“时间复利”领域。奢侈品的价值随着时间的推移而增长，人的持久价值则源于“复利型能力”。

5.情感共鸣：成为“有故事的人”。买奢侈品时买的不是产品，而是梦想；人活的不是人生，而是信仰。

想成为奢侈品，没有捷径，只有持续雕刻。记住，这个世界从不缺优秀的人，缺的是无可替代的人。请把自己当作一件作品，用经营限量版的决心，把自己经营成奢侈品。终有一天，你在人群中央，无须开口，便已光芒万丈！

第四节　文化

强势文化是你的人生底层基因

你有没有经历过这样的时刻：感觉自己很努力，却总是被现实“降维打击”？明明跟别人起步差不多，为什么人家步步领先，而你总觉得现实在给你“卡bug”？

真相只有一个：不是你不够努力，而是你被一种“弱势文化”牢牢绑住了。强势文化和弱势文化，就像人生这场游戏的两种剧本，选对了，你就是赢家。什么是强势文化？如果把人生比作一场游戏，那么强势文化就是教你玩转规则的“攻略”。它不是炫技，也不是蛮干，而是基于自然法则、人性规律，按照清晰可行的路径达成预期目标的一种文化系统。

简单地说，强势文化就是教你按规律办事。它让你更专注于解决问题，而不是抱怨；更倾向于行动，而不是陷在情绪中纠结。最重要的是，它能让你从失败中汲取经验，不断升级自己的"玩法"，最终成为掌控局面的人。

弱势文化的逻辑则完全相反：遇到困难，首先甩锅；失败了，归因于环境；即使眼前有机会，也不敢伸手。这种文化不会让你失败得轰轰烈烈，而会让你在不知不觉中习惯"温水煮青蛙"，最终输得彻底。你之所以失败，并不是因为环境不好，而是你没有强势文化作为思维支撑。

电视剧《亮剑》的主人公李云龙带的独立团，不管换了多少人，战斗力一直处于"天花板级别"。难道只是因为团长能力强？其实，是团队里那种"狭路相逢勇者胜"的文化让所有成员自觉用尽全力，越战越勇。独立团就是强势文化的真实写照。

强势文化是个人成长的必需品。因为成长的本质是找到问题，用行动解决问题。强势文化能帮你用更高效、更理性的方法解决问题。强势文化会告诉你：主动权永远在你自己手里，关键看你有没有能力掌控局面。

那么如何修炼强势文化呢？

1.找到适合自己成长的土壤：和谁在一起很重要

人和植物一样，能不能长得高大挺拔，靠的不是拼命"用力"，而是土壤里有没有足够的养分。如果你周围都是喜欢抱怨的人，他们聊的全是"行情不好""努力没用""躺平才是智慧"，那这样的土壤只会消耗你的时间和热情，让你安于现状。

但换一种环境呢？如果你周围的人每天都在讨论如何达成目标，分享解决方案，尝试新玩法，你会发现，自己也开始行动了。你会被一种看不见的力量推动着去突破。

所以，当你感觉被卡住时，最该做的，不是更拼命地用力，而是问问自己："是不是该换片土壤了？"你可以主动靠近那些优秀的人，置身于一片优质土壤里，同时去除"杂草"，不再接触那些消极、负能量的信息。

举个例子，篮球运动员勒布朗·詹姆斯拥有出色的天赋，同时他知道该在哪片土壤里成长。他选择和最好的教练、最严苛的团队在一起，构建属于自己的强势文化。他对自己的人生价值排序也很清楚，只有选对土壤，才能最大限度地发挥潜力。如果一开始就走错了方向，再怎么努力，也只是做无用功。

人和环境之间的关系，远比想象中更重要。强者从来不会浪费时间在贫瘠的土壤里等待奇迹发生，他们会果断拔根，寻找一片新的土壤。

2.践行强势文化：规律+行动，才有结果

认知强势文化是第一步，第二步是践行强势文化。换句话说，道理听明白了，要靠行动去试对错。

我曾带过一个东北的团队，刚接触时，他们的业绩长期在月不到1000万的水平徘徊。在我的指导下，短短3个月，这支团队的业绩就突破了6000万。具体是怎么做的呢？

从规律入手：找到领域的核心逻辑。

制定目标：别想着"一口气改变人生"，要从每天能达成的

小目标入手。

复盘优化：每天花10分钟反思哪些事情做得好，哪些事情可以做得更好。这一步，往往会被忽视。

坚持半年后，团队中很多人开始主动承担任务，不再推诿抱怨。他们开始明白爱是通天门票，只有当团队成员彼此信任、支持时，大家才能在互相成就中崛起。强者从来不会孤军奋战，真正的英雄，往往以集体形式出现。

3.传播强势文化：从受益者到影响者

当你在强势文化中找到自己的节奏，并通过行动获得成长时，你会发现一个奇妙的现象：你身边的人开始被你影响。这时候，你就可以帮助更多人。

文化的传播并不是通过说教完成的，而是别人通过你的行为、你的成果看到可能性。比如，一个曾经在团队里默默无闻的伙伴，用出色的销售业绩让大家刮目相看。这种正向的行为会激发更多人融入强势文化的氛围里。

那些能够改变行业规则、影响社会趋势的人，无一不是强势文化的践行者和传播者。

只要你愿意从今天开始尝试行动，你的人生轨迹就会悄然发生变化。强势文化不是难懂的理论，而是融入生活的智慧。

以强者自居，做自己命运的甲方。当你用强势文化武装自己时，全世界都会向你递交合作方案！

你的未来，藏在你选择的文化属性里。

第五节 超越

最快的成长方式，是从上帝视角看待自己

一位禅师问弟子："若风吹幡动，是风动还是幡动？"弟子争论不休，禅师答："是心动。"

人生的痛苦与局限，往往源于将"事"与"我"混为一谈。

项目失败，便认定"我是个失败者"；被他人否定，便陷入"我不值得被爱"的自我攻击；遇到挫折，便将结果等同于人生结局。

真正的成长高手，都深谙"借假修真"之道——他们把每件事都当成修炼自己的工具，而非定义自我的标签。你可以把这种角度理解为上帝视角。

一个人要想快速成长，一定要开启上帝视角！

瑞·达利欧在《原则》一书中写道："人类拥有独特的、从更高层次俯视的能力，这不仅适用于理解现实和现实背后的因果关系，也适用于俯视自身和周围的人。"简单的理解就是：要把"人"和"事"分离开。

这需要破除三大认知陷阱。

陷阱1：情绪绑架——把事情灾难化

当同事未回复消息时，普通人会脑补"他对我有意见"，而开启上帝视角者会思考："可能他太忙没看到，或是我的沟通方式需要优化。"你是否发现，事情本身是中性的，是你的解读为它涂上了颜色。

陷阱2：自我认同混淆——用结果定义价值

J.K.罗琳在被出版社拒绝了12次后，依然相信"书（指《哈利·波特》）的价值不等于我的价值"，最终创造了出版奇迹。暂时的失败不代表什么，只要你知道自己是谁。

陷阱3：短时闭环——困在单一叙事中

离了婚的人若认为"自己的人生毁了"，就会陷入绝望；若换个角度，将离婚视为"重塑亲密关系的契机"，便会开启新生。

当你有所察觉时，你会清醒地认识到：原来所有的经历都是认知升级的燃料，是修炼心性的绝佳道场。

如何开启上帝视角呢？

1.观察者模式：跳出剧本看角色

你想象一下：在一个迷宫里，你怎么走看到的都是墙；当你站在迷宫的墙上时，你怎么看都是路。

再如，遇到冲突时，你想象自己飞到了天上，观察整个场景，然后用第三人称代替“我”描述整个事件。

2.剥离法：把“人”和“事”放进不同的篮子

可以从四个层面进行剥离。

事实层面：客观描述事件。例如，方案未通过。

情绪层面：识别感受。例如，我感到难过和挫败。

认知层面：分析归因。例如，我是否误判了需求？

行动层面：制订改进计划。例如，增加用户调研频次。

我原来有个客户，是一个品牌的创始人，她曾经凭借赛道优势赚了不少钱。有一天，她突然哭着给我打电话说：“林老师，我快崩溃了，最近的新项目，我感觉力不从心，我都想放弃了……”我按照剥离法，让她描述新项目的情况，接着问她是什么感受，帮她开启上帝视角，重新归结原因，让她认识到新项目是在帮她弥补之前缺失的认知。最后，当她抽离出来看问题时，我只问她接下来打算怎么做。她支支吾吾地告诉我接下来要做的5件事情，然后开开心心地干活去了。

3.“借假修真”，从被动反应到主动修炼

做业务、做产品、做运营、做内容……这些都是“假”，我们的主要目的是通过这些外在的事情来修炼内心的“真”。不管是处于顺境还是逆境，不管面对的是人际冲突还是重大决策，都可以进行修炼，如下图所示。

事件性质	修心方向	实操策略
顺境	修炼谦卑和危机意识	定期做“失去模拟”， 想象失去现有优势后该如何生存。
逆境	修炼韧劲和创造力	每日记录“反脆弱行动”， 当有压力时，如何激发健身动力。
人际冲突	修炼同理心和边界感	画“情绪心电图”， 分析对方行为背后的渴望与动机。
重大决策	修炼长期主义和系统思维	用未来式“10年视角”， 问自己“对于这个选择，未来的我会骄傲吗?”

高手把生活当作游戏，用体验的心态，感谢生命给予的种种馈赠。生活中的每一次痛苦，都是使我们觉醒的闹钟。

当你在职场中遇到危机时，心态要从“我会被淘汰”转换到“我需要进化”；

当你跟亲密伴侣发生冲突时，心态要从“你不爱我”转换到“我们在磨合”；

当你产生自我怀疑时，心态要从“我做不到”转换到“我在突破认知边界”。

转念一想：这世界竟如此厚爱我。当即心生欢喜，眉飞色舞。

最后，送给你一句普鲁斯特的话：“真正的发现之旅不在于寻找新风景，而在于拥有新眼光。”

第六节 规律

世界的真相跟我们的认知是相反的

当你看到这个标题的时候，请不要诧异，这个世界的真相跟我们所认知的刚好相反。这个世界就像一面哈哈镜——你以为的正面，实则是它的背面！

这个世界的真相是：所有显而易见的“真理”都是陷阱，所有反直觉的“悖论”才是规律。你相信的太多，是因为你知道的太少。真相和逻辑是治疗愚蠢的特效药，只可惜这两服药十分昂贵。

央视主持人白岩松曾在演讲中说：“我个人认为，《道德经》里你最需要记住的一句话是，‘反者道之动，弱者道之用’。”

这句话的大意是：循环往复的运动变化，是道的运动，道的作用是微妙、柔弱的。

规律的反转属性：你以为的背面才是真相。

1.强弱反转：柔软胜刚强

《道德经》中说："天下之至柔，驰骋天下之至坚。"牙齿很坚硬，舌头很柔软，最后先掉的却是牙齿；飓风能折断百年古树，面对随风摇摆的芦苇却无可奈何！

2.得失反转：先舍后得的宇宙法则

不执着于回报，反而会收获更多。

你越想得到什么，就越得不到。你想获得认可，却往往得不到认可；你想快速成功，却走了弯路；你想挣钱，却挣不到钱，甚至被骗负债。

如果你知道这个宇宙的算法是"你想得到什么，就先给予什么"，你就知道自己应该怎么做了。比如，在工作中，你想挣钱，那你就为你的企业创造价值，这样你就能挣到更多的钱；在生活中，你希望别人喜欢你，那你要尝试先喜欢别人，这样他们自然会喜欢你；在婚姻中，你尝试去理解你的爱人，你的爱人可能会对你更加恋恋不舍。

3.快慢反转

在大自然中，竹子用4年时间只长3厘米，第5年每天长30厘米；蝉在地下潜伏17年，只为嘶鸣一整个夏天；荷花池里的荷花，长满半个池面需要29天，而到了第30天则能长满整个荷花池。

在商业战场上，刘强东决定自建物流的时候，反对声一大片，现在此举却成了京东构筑超级护城河的重要决策；米哈游用了5年时间研发《原神》，上线首月吸金2.45亿美元。

在个人成长方面，选定一个领域，连续100天，每天投入3个小时，你试试看，一定会有不一样的惊喜；你也可以将90%的时间用于学习，10%的时间用于输出。所有你看到的一鸣惊人，其实都是厚积薄发。

那我们应该如何破局操作？答案是：用逆向思维重构自己！

1.逆认知：建立“怀疑一切”的思维体系

普通人用“直觉”导航，高手用“直觉的背面”破局。世界就像一台巨大的洗脑机器，通过教育、媒体、社交不断给你灌输“标准答案”。比如，“努力就能成功”“学历决定命运”“稳定的工作最安全”。而逆向思维的第一课，就是质疑所有的“标准答案”。

大多数人认为“想挣高薪，必须去大城市”，拥有逆向思维的人发现县城细分市场反而有垄断机会；传统观点认为“失败是耻辱”，拥有逆向思维的人把失败看作成功的垫脚石；在美业赛道上，拥有逆向思维的人在大城市开小店，在小城市开大店。

拥有逆向思维的人看到“考公热”，会思考稳定的代价是什么，会不会放弃更多可能性？看到“成功学”畅销，会思考为什么“成功学”越教人成功，人们反而越焦虑？

所以，你需要在你的大脑里装个“报警器”，当你觉得“当然应该这样”的时候，立刻拉响警报；当你发现世界充满“标准答案”时，说明你已经进入认知监狱。

2.逆情绪：把情绪当作情报站

大众的情绪就是反向操作的GPS。当所有人都在喊“冲冲冲”时，可能濒临悬崖了；当所有人都沮丧着哭喊“完蛋了”时，也许就藏着金矿。

为什么会这样？因为人性有两大弱点：从众本能和厌恶损失。

2024年国庆节前，股票暴涨。国庆节期间短视频平台疯狂发酵，所有人都在跃跃欲试，节后一开盘就遭遇连续大跌。当菜市场大妈都在谈论股票时，这就是撤退信号。

2020年新冠肺炎疫情封控期间，朋友圈都在刷“活不下去了”，这就是布局线上最好的时机，多少线上品牌在这个时间段崛起！

当别人恐慌时，你该兴奋，但不是无脑抄底，而是启动深度调研；自己在狂喜后要立刻冷静，因为所有“天上掉馅饼”都标着隐形价格。

3.逆行动：从终点倒推现在

普通人用“爬楼梯思维”一步步前行，高手用“跳伞思维”空降目标地。这个现实世界本来就是非线性的。传统企业10年的扩张规模，可能跨界对手3个月就超越了。按部就班读完研究生，可能还不如早早抓住时机做短视频。

所以，最好的方式是先画全景图，再修细节，就像确定要盖摩天大楼，就不会纠结砖瓦的颜色。允许自己野蛮生长，用一切方式缩短路径！你可以给未来的自己写封信，或者扮演想成为的自己！

4.逆传播：让信息在沉默中爆炸

你应该听说过，权威媒体报道的新闻有一个规则：字越少，事越大。大众传播是一场饥饿游戏：说得越少，被人记得越深；给得越克制，想要得越疯狂。

我在演讲的时候，也经常运用“留白”的技巧，就是讲到高潮处，突然沉默几秒，让大家完全沉浸在期待的场景中。就像打游戏时给你设置隐藏关卡，需要你解锁一样。你发的朋友圈里互动率最高的一定是制造了反差效果或者逆向操作的。大声疾呼者无人理睬，欲言又止者万众好奇！

在老子看来，阴比阳更重要，无比有更重要。事实上，这种观念已经渗透到中国传统文化的基本理念中。有阴阳，没有说“阳阴”的；有黑白，没有说“白黑”的。

阴代表的是潜在的、隐秘的力量，而阳代表的是外在的、显现的力量。我们只有尊重并理解阴阳平衡，才能真正把握生命的本质和智慧。通过深刻理解阴阳平衡，我们不仅能更好地应对生活中的各种挑战，还能找到内心的宁静与力量。

在这个世界上，许多事物的发展轨迹往往与我们的直觉相反。只有包容并理解对立面，才能找到真正的力量与智慧。世界的本质在于对立与统一，强弱相生，盛衰相随。

我们需要重新审视自己、他人和世界，用反向思维应对人生中的挑战。放下执念，回归内心的宁静，学会以柔克刚，以退为进。

我们需要明白真正的规律：反者道之动，柔弱胜刚强。真理往往掌握在拥有逆向思维的人手里！

第七节　进阶修炼

人生，是一场关于“想要什么”的修行

每个人的生命都以独一无二的方式展开。你所经历的每一次跌宕起伏，都会在你的生命里刻下痕迹。那些高峰和低谷，成就了今天的你。

此刻的你，如果正遭遇这样的困境：工作压力巨大，身体健康频频亮起红灯；带团队的能力受到质疑，拼尽全力却依旧事与愿违；所有的委屈无人倾听，所有的问题只能独自承担……那么，请你停下来，思考一个问题：这一生，我真正想要的是什么？

请不要匆忙作答，拿出纸笔，写下来。让这个答案从你的潜意识里浮现出来。

1.你想要的，是你真正的渴望，还是虚假的幻象

在成长的路上，太多人误把“世俗标准”当成自己的目标。升职、加薪、买车、买房……你追得越紧，内心越焦虑。终于有一天，你站上了人生的“巅峰”，却发现那并不是你的终点，而是别人为你设定的赛道。

你真的想要这些吗？还是只是害怕掉队，害怕被比较，害怕让别人失望？

你需要停下来，屏蔽外界的噪声，去聆听内心的声音。你的一生，不是用来迎合市场的，而是用来成为独一无二的你自己的。把自己当作一件奢侈品，经营它，雕琢它，让它成为无可替代的存在。

如果你不知道自己想要什么，那就去寻找。

能量波动时刻——哪些事情让你兴奋不已，哪怕筋疲力尽也愿意继续做下去？心流体验时刻——做哪些事情时，你忘记了时间在流逝，完全沉浸其中？

这些时刻，藏着你真正的渴望。

2.如何找到你的价值观

人的一生，不是为了找到方向，而是为了找回方向。你早已拥有自己的“生命密码”，只是它被现实的喧嚣掩盖了。

现在，我们来解码。

第一步：回顾你的高峰时刻和低谷时刻。

请你回顾自己人生中5个高峰时刻和5个低谷时刻，写下来。

高峰时刻（那些让你感到骄傲、满足、充满意义的瞬间）

（1）

（2）

（3）

（4）

（5）

低谷时刻（那些让你痛苦、挣扎，但最终使你成长的经历）

（1）

（2）

（3）

（4）

（5）

第二步：提取价值观。

回顾这些经历，问自己：

"在这些时刻，我最珍视的是什么？"

"支撑我走过低谷、攀上高峰的力量是什么？"

然后，写下你的关键词，如勇气、责任、独立、自由、创造、影响力、成长、真诚、坚持……

我的价值观

（1）

（2）

（3）

（4）

（5）

第三步：归纳价值观类型。

价值观，可以分为以下四类。

执行力型（如毅力、坚韧、实干、责任）

影响力型（如表达、领导、启发、教育）

人际关系型（如信任、真诚、爱、团队）

战略思维型（如远见、创新、系统思维、决策力）

找到你的主导类型，你会更清楚适合你的方向。

第四步：价值观重塑——用你的信念来造句。

因为有执行力，所以……（例如，因为有执行力，所以面对困难时，我总能坚持到底。）

因为有影响力，所以……（例如，因为有影响力，所以我能通过表达让人看到新的可能。）

因为有人际关系，所以……（例如，因为有人际关系，所以我能通过深厚的联结创造价值。）

因为有战略思维，所以……（例如，因为有战略思维，所以我擅长布局，能提前预见趋势。）

写下来，读给自己听，这就是你独一无二的生命密码。

3.从上帝视角看待自己，才能真正成长

普通人被情绪裹挟，高手从上帝视角俯瞰人生。如何开启上

帝视角？

跳出剧本看角色

想象自己站在高空，俯瞰现在的生活。

问自己："如果我站在第三者的视角，我怎么评价现在的自己？"

分离"人"与"事"

用剥离法处理情绪。

事实层面：客观描述发生了什么？

情绪层面：我当下的感受是什么？

认知层面：我的思维模式是否有偏差？

行动层面：我可以做什么来优化？

用逆向思维颠覆旧模式

你越急于成功，越容易掉入陷阱；你越想掌控结果，越容易失控；你越害怕失去，越容易失去。

所以，学会放下执念，专注当下的成长，真正的改变才会发生。

让你的价值观成为你的铠甲和光芒

做一个简单的练习：闭上眼睛，想象5年后的自己。他/她站在哪里？他/她是个什么样的人？他/她拥有怎样的能力和价值？

然后，问自己："如果未来我是那样的人，那今天我应该如何选择？"

这就是人生的魔法：当你看到未来时，未来便开始发生。

你真正想要的是什么

请再次回答这个问题：这一生，我真正想要的是什么？请写下来，作为对自己的承诺。

你的价值观，会成为你的铠甲、你的光，荣耀万丈。

第 二 章

定位篇

世界不会记住你的努力，只会记住你的定位。在信息爆炸时代，努力是标配，定位才是硬通货。只有占据清晰的位置，你的价值才能被精准锁定，让世界为你埋单。你能被看见，不是因为你做了多少，而是因为你是谁、你在哪儿、你占了哪个心智高地。

第一节 规划

创业者自我修炼的成长地图

这些年，我作为企业战略咨询顾问，辅导了很多创始人和管理者。我发现身边那些拿到结果的人，除选对赛道和运气好外，不论他们是打工还是创业，都是用创业者的心态，将每个工作场景转化为修炼场域，用心创造更多的价值。

有些人则把工作当作完成任务，觉得自己在为老板打工，所以，一说起工作和加班就愁眉苦脸，心里别提有多烦躁了，一到周一就觉得“压力山大”。但如果换个角度，用创业者的心态来看待工作，你会发现每一项任务其实都是提升自我的机会，而不是累赘。

你会把自己也看成一家“公司”，在职场中经营你的企业。

就像企业要发展、要盈利、要分工一样，你也需要不断提升自己的技能，拓展人脉，培养谈判和战略思维，逐渐成为公司里不可替代的核心人物，这样，在职场中你就拥有了“成长型思维”。

拥有成长型思维的人，会把每个挑战都视为机会，通过不断学习和创新来提升自己；而拥有固定型思维的人，容易陷入疲惫，止步不前。职场中的思维方式直接决定了一个人的发展方向。

那么，如何用成长型思维看待职业发展呢？

第一阶段：用创业者的心态工作

无论身处何种岗位，怀揣创业者的心态去工作，成为新时代的价值创造者，是应对挑战的关键。不断提升自己的创造力和创新能力，培养独特的思维方式，专注于AI难以取代的领域，是成功的核心。

只有持续学习和实践，拓展知识面和技能树，增强跨领域的综合能力，才能满足不断变化的市场需求。有很多团队小伙伴入职我的公司，我对他们的要求从来不仅仅是把事情做好，我更希望他们能够利用这个平台，磨炼出未来创业所需的各种能力。

你要明白：打工的最高境界，是用老板的钱来修炼自己的本事。

举个例子，我曾经的一名员工，刚入职时背负着几十万债务，但他把每一项任务都视作锻炼自己的机会，不断挑战，不断取得结果。最终，他不仅成为公司的营销总监，还在情感领域发展出自己的个人品牌，如今，年收入突破200万。

他曾跟我说："跟在您身边的那段时间，我一直在为自己未来的创业做准备。"他接手的每一件事都能出色地完成，甚至超出了我的预期。这种心态，正是老板最看重的。很多人在职场中郁郁不得志，是因为他们只是在机械地完成工作，缺乏更深层次的思考。老板想要的不是你仅仅把眼前的任务做完，而是希望你能站在更高的视角，灵活变通，把事情做得更好。

普通员工等待指令，而有创业者心态的员工主动创造指令。比如，在接待客户时，有些人只是按部就班地执行任务，而有些人则能主动揣摩老板的意图和场景需求，提前做好准备；有些人每天到公司要拖延半天才能进入工作状态，而有些人会提前把第二天的工作清单写好。

一个人之所以能脱颖而出，绝不是因为他把每天安排的工作都做完了，而是他能站在老板的角度，思考如何把任务做得更出色，如何处理好更多细节。每次完成工作之前，先问这件事除交付结果外，还能给自己提供什么长期价值？当你具备这种思维方式时，你会发现自己在生活和工作中始终能抓住关键点，而不只是敷衍了事。

其实，这种心态不仅适用于创业者，也适用于公司员工。每个人都可以主动学习、主动成长，把自己看作企业的一部分，最终成为企业的合伙人，甚至走上创业的道路。这种思维方式，是你在职场中突破自我的关键。

第二阶段：成为创业合伙人，完成里程碑事件

从表面上看，拥有创业者心态，似乎是为了挣钱。然而，深入思考便会发现，这其实是一场人生的修行。在人生这场游戏中，拥有创业者心态的人会有更多机会接触超出自己认知范围的人和事。

这些经历可以为你的生命带来新的体验，这些体验能够在无形中磨炼你的能力。也许你在很多方面能力不足，但某些人和事可以帮你弥补这些不足。

你遇到的人、经历的事，更像是一种馈赠。这种馈赠的意义在于你看问题的角度发生了变化。换句话说，从更长的时间范围来看，你今天的核心能力，基本上都来源于那些被认为是至暗时刻或艰难时期所攻克的挑战。

这些经历让你拥有了许多宝贵的能力，包括谈判能力、沟通能力、决策能力，以及对时机和节点的把握能力等。通过这些经历，你逐渐成长为创业合伙人，生发出更多的力量。

想要分股份，先让自己变成公司资产的组成部分。怎么实现跃迁呢？你需要完成这三跳。

第一跳：从“好用”到“不可替代”。

你不仅需要做好本职工作，还需要训练自己的核心能力。你要思考你的哪些能力是没办法被人替代的，是能给公司创造高效益价值的。你要发现业务的痛点，找到小成本测试验证过的解决方案，充分撬动你需要的资源。

第二跳：把领导当作投资人。

当你有机会申请新项目时，你不仅要讲PPT，更要做风险对冲方案。比如，A方案主攻抖音（需投入10万，预期收益100万），B方案同步试水视频号（复用70%的内容，预期收益25万）；同时设置止损线，3个月ROI（投资回报率）低于1.5立即进行调整。

这种“让老板安心”的思维，能让你更快地争取到首批启动资金。

第三跳：从做事到“造局”。

在成为合伙人的前半年，你要做好铺垫。①资源绑定：比如，引入行业的资源作为项目顾问；②能力证明：带队完成两个以上从0到1的项目闭环；③利益设计：提出阶梯式方案（基础薪资＋利润分红＋超额奖励），也就是在承诺保住公司基本盘的情况下，争取增量业绩的分红权。

第三阶段：像经营企业一样长期经营自己

我观察到我身边的许多人从事各种创业活动，尽管我不会对他们的选择做出评判，但我内心深知，这些选择可能是我三五年前会做的决定，现在的我不会再选择这样的方向。

当认知边界被拓宽后，你会更加明确应该选择什么方向。你会从赛道、细分行业的角度来做选择，同时评估你当前的资源和人脉，确定应该从哪个方面开始最合适。你可能会选择轻资产运作，或者以10年的时间构建一个平台进行长期运作。这些选择会随着时间的推移变得更加清晰。比如，在工作5~8年后，你可能会重新思考自己的定位。

这个时候，你会决定自己是独立创业，成为老板，还是继续作为合伙人或团队的一部分。其实，创业的本质是一种心态，而不是具体的工作形态。无论你的角色定位是什么，无论你持有多少股份，拥有创业者心态才是关键。这种心态可以适用于任何岗位和角色，能帮助你不断创造价值，实现自我突破。

拥有创业者心态不仅是一种工作方式，更是一种生活哲学。在任何环境中，都需要保持敏锐的洞察力和积极的进取心，不断超越自我，实现更高的目标。无论是职场中还是创业路上，拥有创业者心态的人，始终能够在变化中找到机会，在挑战中发现自己的无限潜力。

成事，不在于运气，而在于持久的努力和不断的自我革新。一个优秀的创业者应该意识到修炼自己的本质：对结果无限负责，对过程极致优化。

第二节 势能

用冠军事件累积自己的高势能

在人生当中，在每个快速进化的阶段，都需要一个可以讲很久的冠军事件。

2014年，一个叫樊登的大学老师，在微信群里讲书，收99元年费。一开始很多人都笑话他“想钱想疯了”。结果1年后，樊登读书会用户破百万，估值过亿。这场“微信群讲书”就是樊登的“冠军事件”——它像核弹一样炸出势能，让樊登从一名教师变成知识付费巨头。普通人总抱怨自己没资源、没人脉、没背景，却不懂，势能不是等来的，而是用冠军事件炸出来的。

什么是冠军事件？用一场仗，改写人生剧本。

普通事件：按部就班地上班、接单、赚钱、工作、生活。

冠军事件：集中所有资源打一场有10倍以上回报的“非对称战争”，也可以理解为，为自己创造一个能讲10年以上的故事。

冠军事件有三大特征。

①压强足够大：短期投入超常规资源（如时间、金钱、注意力）；

②结果可感知：必须产生肉眼可见的胜利（如销量破纪录、粉丝量暴涨）；

③故事能传播：事件本身最好自带传播基因（如有冲突、带情绪、有槽点）。

如何打造冠军事件呢？

1.设定目标，找到当下“势能高点”的战场

《孙子兵法·兵势篇》曰：“故善战者，求之于势，不责于人，故能择人而任势。”雷军曾经告诉傅盛：“一个人要做成一件事情，其实本质上不在于你多强，而是你要顺势而为，于万仞之上推千钧之石。”

基于“点”的评估，其实每块石头都是一样的。但是位置不同，势能不同。它们之间的区别取决于它们搭载在哪个“面”上，“面”在哪个“体”上。想象一下，你和敌人在平原地带拼刺刀，确实只能依赖士兵的单兵战斗力。所以，想建立自己的势能，就需要设定高目标。

我在大四实习期进入碧桂园工作，那个时候，房地产正处于巅峰时期。我和其他50多个同事一样，是从上千人中脱颖而出的

幸运儿，这里面不乏一些行业大佬和其他楼盘的Top Sales（销售冠军）。大学的时候，我是学生会主席，我很清楚：要想在职场中脱颖而出，必须有丰硕的“战绩”。我当时就想，我一个实习生如果能成为销售冠军，那是不是以后就有很多晋升机会？一开始，我就把成为冠军作为我的工作目标，那也是我唯一一次打工。

2.人脉杠杆，用“能量型人脉”换资源

在碧桂园售楼部工作期间，我意识到要想在激烈的竞争中脱颖而出，光靠个人能力是不够的，还需要建立深厚的人脉关系。我通过为同事和客户付出，来赢得他们的信任和支持。每天，我都会为同事买奶茶，帮助他们解决工作中的难题。这些小小的付出，逐渐积累起深厚的情谊。

在行动过程中，我逐渐意识到，要想达成目标，必须借助高势能，靠近那些有影响力的人。当时华中区的营销总监星哥就是这样的人。他的背景很特别，之前是海南某酒吧的驻唱歌手，后来转战房地产行业，他凭借个人魅力和独特的思维方式迅速崛起。我当时想，如果我能得到他的关注和指导，销冠之路也许会走得更为顺畅。

于是，我开始主动尝试让星哥看到我，他是广东人，我是福建人，我甚至试图通过“老乡”的身份和他拉近关系。我经常在下班后找星哥，问有什么需要我做的。也许很多人见到领导就害怕，但我觉得只有靠近领导才会被看见，至少混个脸熟。终于，

在拒绝了我6次后，星哥顺口答应带我一起去参加一个兄弟饭局。

那天，我主动埋了单。

饭局结束后，星哥去埋单（2000多元）时发现已经埋过了，就看了我一眼。我估计他心里在想：这孩子不错，有眼力见儿。

中间也没有提给我报销的事儿。几天后，星哥又带我去酒吧玩，这次的账单高达3000多元，两次下来已经超出我一个月的工资。我再次咬牙用信用卡埋单，因为我明白，这不仅仅是一笔钱，还是一次关系投资。因为从小我爸妈就跟我说：那些比你有能量的人，是不会让你吃亏的！

后来，在我的努力争取下，我搬了家，跟他一起住。毕竟是领导，手里有权限，所以一些高质量的客户会直接找到他。因为之前我给星哥留下的印象不错，他给我推荐了一个在农业银行分行工作的主任高哥，从此开启了我的业绩狂飙之路。

3.真诚核弹：做事让人感动

每次高哥来，我都会特别用心地接待他。我不仅在售楼过程中提供详细的咨询服务，后续的每一个环节也都尽心尽力，甚至主动为他解决一些生活中的小问题。

比如，高哥每次告诉我大概什么时候到，不管多久，我都会提前在门口等他；我也会提前准备好售楼部里所有的优惠信息和一些不错的小礼品，如茶叶、月饼，还有其他节日礼物；我还专门为他争取到VIP的身份，让他享受特殊的待遇。甚至有一次，他提到他孩子在学习方面的事情，事后我就特意买了一台学习机送给他孩子，说希望对他和他家人有帮助。虽然我不确定他是否用上，但这份礼物至少表达了我的心意。

最终，他被我的真诚和专业打动，买了近300万的大平层。而且他还一下子给我介绍了9个大客户，这些客户为我带来了近3000万的业绩，我当年的业绩比第二名多了2000多万，因此我成为区域销售冠军。有一次，高哥对我说："小林，你跟其他销售顾问不一样，真的很用心，好几次我都很感动。加油，以后你前途无可限量。"

更重要的是，这个冠军事件不仅让我在团队中获得了认可，还帮我成功打造了自己的"高势能"，成为团队的榜样焦点——一个实习生逆袭成为销冠。一开始没有人看好我，但是我做到了。后来我快速晋升为营销经理，负责新开发的楼盘。

我特别感谢这段经历。我称之为"首胜效应"，包括后面我第一次创业，在新零售赛道用不到一年时间取得近1个亿的营业额；辅导的几个品牌也都成了行业细分赛道的领导品牌，都是用冠军事件的逻辑策划执行的。

"高势能"不仅仅是指在某个时段取得的成绩，更是通过关键事件提升个人影响力、话语权和资源获取能力的过程。

孔子的弟子有若说："君子务本，本立而道生。"冠军事件就是我职场中的"本"，通过这件事，我不仅赢得了当下的胜利，更为未来的发展积累了无形的势能。这种势能，让我在之后的创业路上始终占据主动，让我有机会用最直接的"故事"告诉别人我是什么人。

各位朋友，成功是会让人上瘾的，那种“我一定能拿下”的信念感一旦建立起来，就仿佛拿到了一把随时打开成功大门的钥匙！你缺的从来都不是机会，而是“敢打必胜”的匪气。

从今天起，开始酝酿你的冠军事件吧——让你身边的人对你刮目相看！

第三节 标签

市场会用钱来投票，筛选出你最值钱的能力

在现代社会，许多人都处在迷茫之中，不知道自己的优势和方向在哪里。每天都在为生计奔波，却始终找不到那条让自己发光发热的道路。为什么会这样？因为我们缺乏对自身价值的深刻认知，没有找到真正适合自己的方向。

有些人认为自己没有特别的才能，无法在竞争激烈的市场中脱颖而出；有些人虽有一技之长，但苦于找不到发挥才能的机会；还有些人每天辛苦工作，却始终看不到前进的希望。这种种困惑，常常让我们陷入自我怀疑甚至自我否定的漩涡。

那么，我们如何才能打破迷茫，找到自己的优势和方向呢？

答案很简单：市场会用钱来投票，筛选出你最值钱的能力。

2016年年初，因为经营方面的原因，我亏了很多钱。当时我很迷茫，就去找一个企业年产值超10亿的大哥聊，当时他才30岁。我问他为什么如此年轻就这么有钱，能管理这么多人？

他在白板上写了个大大的“钱”字，然后对我说：“一景啊，你有没有发现全中国90%以上的人每天都在为钱而奔波？”紧接着，他又写了“问题”这个词，对我说：“我们每天都在处理非常多的各种问题，小到早上起来穿什么衣服，大到是否进行上百万的投资。当面对有挑战性的问题时，不同的人就有了不同的选择。有些人选择逃避，有些人选择迎难而上。记住：所有的问题，只要你敢于直面，就一定会得到解决，只是时间问题而已。”然后，他又在白板上写下第三个词“价值”，说：“解决小问题，就创造小价值；解决大问题，就创造大价值。如果问题是你亲自解决的，那么价值就会长在你身上，你就会变得越来越值钱。

“所以，钱=问题，问题=钱。你想赚更多钱，就要解决更大的问题。如果你当下碰到的问题很有挑战性，那么恭喜你，你即将进入准备赚大钱的节奏。”

钱 = 问题 = 价值

我当时听完之后，仿佛窥探到了这个世界的真相，浑身起鸡皮疙瘩，仿佛有一股电流从我全身经过。

是啊，你想要挣钱，那你自己值钱吗？如果值钱，你又值多少钱？你想挣多少钱，就要具备解决多大问题的能力！

到此明了：你需要重新给自己贴上标签，让自己变成印钞机！我给大家提供四个心法。

1.用户思维：用“问题语言”代替“能力语言”

比如，你是在大健康赛道上从业的营养师，过去你给自己贴的标签可能是：我是资深营养师，而体现用户思维的标签是：帮“996”打工人用常见食材吃出健康。再如，你懂心理学，可以用“教宝妈3招治好孩子拖延症”；你懂设计，可以用“帮中小老板用设计让产品溢价30%”。

2.热爱燃料：找到能“赚钱的心流”

消耗型的工作有哪些特征？为了钱做不喜欢的事。就像有些人天生不喜欢社交，却干了销售的活儿；有些人就喜欢跟人打交道，却干了财务的活儿。而心流型工作有哪些特征？就是你做起事情来，容易忘了时间，喜欢深度研究下去，同时还能挣到钱。比如，当演讲教练，既受人尊重，又能扩大影响力。再如，社恐者做线上咨询。

3.发光效应：让标签自带传播基因

平庸标签：职场导师。

发光标签：不敢提加薪的职场老好人。

你对比一下，效果有很明显的差别。

记住发光公式：标签=用户痛点+你的绝活+结果承诺。

比如，教内向者用“闭嘴聊天法”搞定客户。痛点是不善于社交，绝活是沟通技巧，承诺是搞定客户。

4.标签升级：每年迭代你的“能力版本”

比如，秋叶大叔从教大学生做PPT，升级为职场技能培训头部IP，年营收过亿。我最开始也是从做主持人开始，后来成为演讲教练，再升级成为企业咨询顾问。每个人都需要在不断实操中找到自己更加值钱的标签，不断地进化，市场会用钱投票，筛选出你最值钱的能力。

个人成长是这样，做品牌也是这样。

2021年我参与了高端益生菌领导品牌菌小宝的前期筹备工作。我们通过数据调研，从十几个赛道中，选择了益生菌赛道。

因为原有母婴赛道几万家的门店沉淀，我们最终选择了门店体验模型。虽然有一定的结果，但是没有引爆。后来我们经过多次的会议碰撞，明白了用户的需求。在口碑方面，菌小宝的产品体验感很不错，复购率特别高；在外包装方面，花了200万，同国内顶尖的设计师团队潘虎工作室，也就是瑞幸咖啡和茅台联名的设计团队合作，产品从“太空1号”到“太空N号”；在品牌势能方面，邀请明星贾乃亮作为代言人，在CCTV3、分众传媒上打广告；还升级了销售渠道，从兴趣电商头部主播带货，到全渠道推进；新盖了6栋大楼，作为益生菌研发基地和生产线。别人一盒酸奶的益生菌含量是几百亿，菌小宝一瓶益生菌的活菌含量能达到1000亿。短短几年，国内高端益生菌品牌这个标签就深深烙印在消费者心里，年营业额突破几十亿。

市场不会为你的才华所感动，只会为解决问题的能力付费！你需要像产品经理一样，找到自己最值钱的标签，并放大它。

第四节　优势

世界不奖励努力，只有你的优势能带你突围

每个人都希望找到自己的核心优势，并围绕这一优势建立专业能力的壁垒，使自己在竞争中脱颖而出。想找到核心优势，先要确立自己的志向。

孔子说："三十而立，四十而不惑，五十而知天命，六十而耳顺，七十而从心所欲，不逾矩。"其中的"三十而立"指的是立志。意思是人在30岁左右的时候，须确立自己一生的志向，找到自己要做的事情。

那么，如何确立志向呢？

《中庸》中有一句话："率性之谓道。"意思是顺应自己的天

性，就是遵循大道。笔者认为，顺应自然的法则，按照天赋行事，才能达到最好的状态。寻找自己的核心优势，也是顺应内心和自然的过程。每个人都有自己的天赋和长处，当我们顺应自己的内在特质，发挥出这些优势时，就能够建立坚固的“护城河”。

最容易想到的，就是选择自己感兴趣的工作。我们都听过爱因斯坦的名言：“兴趣是最好的老师。”职业顾问最喜欢问的问题是：“你对什么最感兴趣？”似乎大家都认为，只要对一件事情感兴趣，就能把它做好。

但管理学家弗雷德蒙德·马利克指出，这是一个天大的谬误。爱因斯坦本人就是一个最典型的反例。我们都听过爱因斯坦小时候做小板凳的故事，误以为他天资很差。其实不然。爱因斯坦从小就展示出极高的物理和数学天分，是妥妥的学霸，闭着眼睛都能考第一。

然而，爱因斯坦最感兴趣的，并不是数学和物理，而是音乐，尤其是拉小提琴。他痴迷到什么程度呢？他从6岁开始学小提琴，每天花好几个小时练琴，坚持了一辈子。爱因斯坦最大的梦想，是成为一名伟大的小提琴手。传闻他甚至说过一句话：“如果我能当上乐团的首席小提琴手，我愿意拿自己的诺贝尔奖来换。”

然而，爱因斯坦天生不具备拉小提琴所必需的协调性，无论他付出多少努力，终其一生也只能达到二流水平。有位小提琴家嘲笑爱因斯坦，说他拉小提琴的姿势好像在锯木头。爱因斯坦成名后，有人安排他和一位著名的钢琴家一起演奏，结果演奏到一半，那位钢琴家不干了，说这水平太次了，实在没法合作。

幸好爱因斯坦没选择当职业小提琴手，否则，这个世界多了一个二流小提琴手，却少了一位顶级物理学家。爱因斯坦的例子充分说明，感兴趣的事和擅长的事，两者并没有必然联系。

干工作，我们应该选择自己最擅长的事情，而把感兴趣的事情当作业余爱好。道理很简单，只有干我们最擅长的事情，才有可能通过持续改善实现高效能，成为行业高手。

如果进一步问：你擅长的事情是什么？我估计你不一定能马上回答出来。了解自己，从来就不是一件容易的事情。中西方的古代先贤早就指出这一点。希腊德尔斐神庙的入口处写着“认识你自己”；《中庸》开篇就说，“天命之谓性，率性之谓道”。这句话的意思是，人的天赋叫作“性”，顺着本性行事叫作“道”。它和“认识你自己”说的是一个道理。

很多人之所以没有发现自己的优势，恰恰是因为有些事情做起来很容易，所以不太关注，也没有进一步提升的强烈意愿。还会出现这样一种情况：一个人发现自己同时拥有好几项优势，怎么办呢？这就要说到更重要的一点，就是聚焦优势。

想练就一项过人的技能，必须把精力聚焦到一件你最擅长的事情上，有所取舍，千万不能平均用力。很多人以为，晋级的途径是做拼图，查漏补缺。实际上，晋级的途径是打井，找准优势，聚焦优势，不断深挖。人生本来就没有完美的平衡，要合理地取舍，学会放弃。有所为有所不为，才能有所成就。

如果目前你还没有找到自己值钱的标签，可以自测一下。

问题	是（3分）	不确定（1分）	否（0分）
有人愿意为你的能力预付定金			
你能用一句话说清“别人为什么要找你”			
你的客户会主动转介绍新客户给你			
你拒绝过低于预期的报价			
行业里有人模仿你的模式			

结果解读：

12~15分：标签已变现，继续放大；

6~11分：有潜力，须优化交付流程；

0~5分：重新定位，寻找合适的标签。

如果你还没找到你的核心优势，这里有一套非常实用的方法，现在分享给你。这套方法结合了自我洞察、周围人的反馈和职业测评工具，可以帮助你全面了解自己的核心优势。

1.自我洞察

通过自我洞察，你可以反思自己在不同情况下的表现，识别出哪些能力是你最擅长的。你可以回顾自己的成长经历，梳理自己在学习、工作、生活中的表现，找出那些让你感到得心应手的事情，这些事情可能就是你的天赋所在。可以分为三个步骤。①记录：每天写下“最投入，最享受”的3个时刻；②分析：这些时刻有哪些共同点？③提炼：把共同点变成能力标签。例如，家庭主妇王姐发现自己总能把家里收拾得井井有条，于是开课教“懒人收纳法”，一年轻松变现30万；有人天生擅长与人沟通，能够轻松化解矛盾，促进合作；有人则在分析数据、解决复杂问题方面表现出色。

2.周围人的反馈

周围人的反馈，可以帮助你发现一些自己可能忽略的优势。你可以列出10个你身边最亲近的人，包括家人、朋友、同事和上级，询问他们：你觉得我有什么特长和特点？他们的描述和建议，如逻辑清晰、执行力强、容易让人信任等，可以帮助你更全面地了解自己，找到那些可能被自己忽略的优势。

3.职业测评工具

职业测评工具，可以更加客观、科学地评估你的职业兴趣和能力倾向。职业测评工具能够系统地分析你的性格特质、兴趣爱好和职业能力，帮助你找到最适合自己的职业方向。例如，盖洛普优势识别器（找到你的Top5天赋）、MBTI性格测试（了解你的决策偏好）、DISC行为风格测试（识别你的沟通优势）等工具，可以帮助你更清晰地了解自己的职业优势和发展方向。

通过综合评估这三方面，你将深入了解自己的核心优势，并围绕这些优势建立专业能力的壁垒，让你的长板更长。最终，你将在职业生涯中脱颖而出，成为行业中的佼佼者。顺应自然，发挥天赋，找到属于自己的道路，这正是《中庸》所倡导的“率性”之道。

把自己活成“行走的解决方案”，优势的本质是告诉世界：选我，你的问题会立刻得到解决！

这个世界不奖励努力，只奖励用优势解决问题的人。

第五节　积累

持续展示，积累个人品牌效应

在当下信息泛滥的时代，个人品牌建设尤为重要。与那些仅靠几篇文章赶上风口，短暂走红后便消失的人相比，能够沉淀铁粉并持续发展的个人品牌显得更加稀缺和宝贵。

个人品牌建设需要一种终身视野，你要具备不断经营和投入的能力。能够把IP当作终身视野持续经营的底色是因为爱，是因为你做对过什么，而在摸索的路径中自己受过伤，才想要帮助更多人。

积累个人品牌的势能，逐步实现个人品牌的向上跃迁后，你就要花比较长的时间来深耕细作。这个过程是你对自己进行内容运营的过程。为什么需要持续展示呢？

因为一次性的、简单的建立认知是不够的。现在信息密度令人咋舌，人们如此健忘，你必须持续地输出和传播你的品牌标签。

可口可乐做了130年，每秒钟在全球卖出2万瓶，但也不敢懈怠，直到今天还在不断地做传播推广、宣扬品牌文化。巨大的品牌力量背后，是持之以恒的品牌建设和积累。你的个人品牌也应该如此。

持续的品牌积累，其背后的目的其实是“占位”，持续地占领客户的心智。市场竞争很激烈，不止你一个人想要树立个人品牌。市场上可以抢占的空间有限，谁失去了关注和存在感，谁就退出了游戏。持续的个人品牌积累，是为了防御，但更重要的，是为了“蓄势”。它能让你积攒足够的能量，做好准备，以便在遇到千载难逢的机会时，抓得住，跟得上，放大你的个人品牌。

怎么持续展示个人品牌积累？

1.视觉锤

个人品牌一定要找到自己的视觉锤。普通人不喜欢经营给人留下的印象，而高手会根据自己想要传递的思路，设计自己的视觉符合系统。

颜色锤：固定使用一两种主色调（“红衣大叔”周鸿祎千年不变的红色上衣）；

形象锤：找到标志性形象（香奈儿的黑白套装）；

场景锤：重复出现某个特定场景（樊登读书会的咖啡桌背景）；

动作锤：一个拍照定格姿势（社群大咖管鹏的“OK”动作）。

比如，我曾经创办过“加一度”品牌，经常带领团队成为销售冠军，所以我在上课或拍照时摆出“做到第一”手势，这不仅展示了我的决心和目标，也强化了个人品牌形象。大家看到我，就会想到“做到第一”的视觉锤。后来，几年没见的同学再次见到我的时候，经常会摆出手势“见了第一哦”。

如今，许多传统行业的创始人也意识到在线客户关系的重要性，纷纷投身私域资产建设。这是一场“军备竞赛”，当整个行业都将流量和客户沉淀到私域，并不断持续展示时，找到并使用一个独特的视觉锤就显得尤为重要。

这个视觉锤不仅能帮助品牌在竞争中脱颖而出，还能在客户心中留下深刻印象，强化品牌认知。正如我的“做到第一”手势一样，视觉锤将成为品牌在私域竞争中的重要武器。

2.语言钉

语言钉，是反复使用特定的语言或标语，让受众对品牌产生强烈的联想和记忆。语言钉在品牌建立中起到了至关重要的作用。这种策略不仅限于口号，还包括在各类沟通和宣传材料中一再出现的核心信息和关键句子。

这些语言钉可以帮助品牌传递统一的信息，形成清晰的品牌形象，并在市场中脱颖而出。例如，当一个品牌不断重复“质量第一，顾客至上”的口号时，受众会逐渐将这一理念与品牌紧密联系起来，从而提高对品牌的忠诚度和信任度。

个人品牌懂得如何将语言钉钉到客户心中，才是成功的关键。

比如，我常说“只有羽毛颜色相同的鸟儿才会聚在一起”，这句话不仅在课程中反复出现，还成了我个人品牌的一部分。这种语言钉不仅能够增强个人品牌的辨识度，还能在学员中产生共鸣，强化个人品牌理念。学员更容易记住我的核心价值观，并在潜移默化中接受和传播个人品牌文化。

3.行动钩

“行动钩”是第三个关键要素。在个人品牌建设过程中，持续展示是关键。行动钩是通过具体的行动来展示个人品牌的重要手段。

曾经有很多服务商邀请我做商业演讲，忙的时候一年要做100多场商业演讲。2023年我飞了114次，16万千米，手机数据显示超过了99.98%的人；2024年我飞了107次，也是16万千米，超过了99.95%的人。行动说明一切。

向上跃迁：从“被看见”到“被需要”的三级跳。

第一跳：专业输出，证明你能打——持续解决具体问题。

第二跳：人格输出，让用户爱上你——展示专业成果，拍凌晨加班时的狼狈相。

第三跳：势能输出，成为行业意见领袖——出版图书，举办行业峰会。

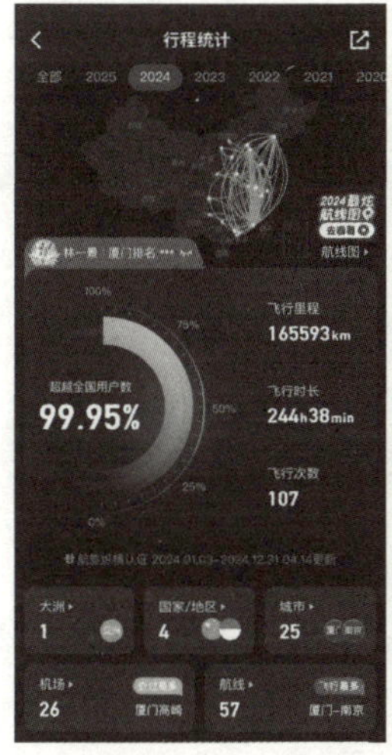

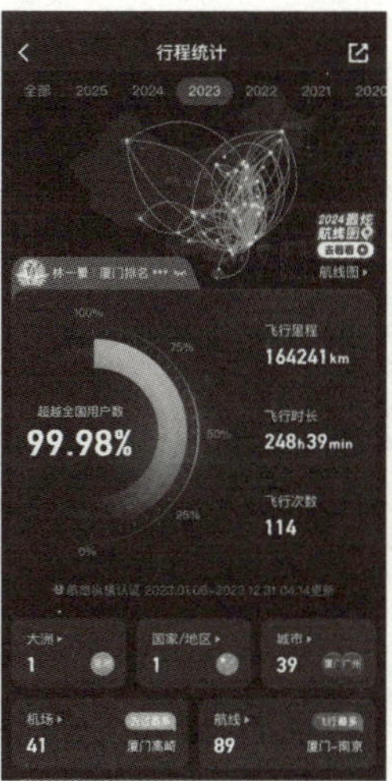

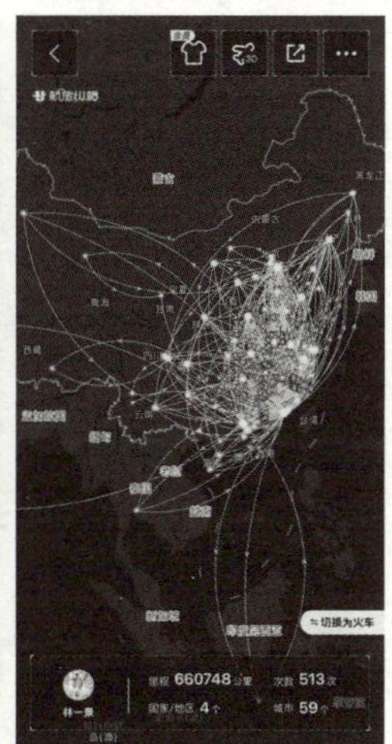

在这里，我要特别强调“持续输出”，这个动作是真正的核心。它就像往存钱罐里投币一样，某天你会突然发现你能买下整条街。

你仅仅通过外在手段营销和传播，不靠“持续输出”内容来积累个人实力，也就是所谓的“蓄势”，是无法打造一个长期的个人品牌的。

打造个人品牌没有奇迹，只有累积，需要长期投入耐心和毅力。只有不断展示和精心经营个人品牌，你才能在无限广阔的市场中占据一席之地，并且持久地影响和引导你的受众。

品牌的积累如同涓涓细流，终将汇聚成江海，成就你的独特价值和不可替代的影响力。

个人品牌不是名词，是动词——是你每天发出去的朋友圈！

第六节　传播

你不传播，凭什么让别人知道你的价值

想象一下，你是一位有多年经验的职场专家，帮过无数人解决棘手的问题，可是打开手机一刷，发现满屏都是“讲得不如你，但比你火得多”的人。你心里想：“凭什么他们火了，而我不火？”

或者，你有一个绝妙的想法，想借助短视频让更多人知道，可一开始根本没人看。你熬了好几天做内容，但点赞量寥寥，你又丧又恼，觉得自己根本不适合做传播。

这些场景是不是很熟悉？在信息爆炸时代，内容藏着价值就是零，传播不够就会被掩埋。传播，不是可选项，而是必修课。你要么主动站出来，让别人看到你的价值；要么被埋没在茫

茫人海里，任凭那些“看起来更会说话的人”抢走本该属于你的机会。

传播，不是让你去吵闹，也不是让你去刷存在感，而是让你的价值有“存在的意义”。哪怕起初只有几个人听到，但它会像涟漪一样，逐渐扩散，影响更多的人。这就是传播的意义：你不传播，谁知道你是谁？

传播的过程，可以用一个简单的模型来理解：播种、传播、发酵、收获。

播种：先把自己推出去，让更多人看到你。哪怕一开始范围小、效果慢，但只要播下种子，就会有发芽的可能。短视频、直播、演讲、图书，这些都是“种子”，你必须敢于迈出第一步，把它们撒出去。

传播：传播是种子发芽的过程，就像划船一样，划第一桨时，船可能只微微动了几厘米，但只要持续用力，船速会越来越快，传播范围也会越来越大。传播的核心是重复，把清晰的信息不断传入用户的脑子里。

发酵：传播需要时间沉淀，你要给用户时间去消化和记住你的价值。影响力不是靠一次爆发，而是靠日积月累产生的。哪怕你已经种下种子，也要等待发酵的过程。

收获：在种子扎根、传播广泛，用户对你的信任感逐渐建立之后，你的价值就会得到认同，品牌影响力自然会放大。这就是传播带来的蜕变——从量变到质变的过程。具体该怎么做呢？

1.别等爆款，从“播”开始

很多人对传播有误解。拍几条短视频、做几场直播，发现数据一般，就觉得传播没用。这是急功近利的错觉。传播是一场长期战，你必须先播出去，才能有发酵和收获的可能。那些等着“爆款”救命的人，往往连传播的第一步都没走好。

为什么有人可以火？不是因为他们比你聪明，而是他们敢播、愿意播，知道传播是个积累的过程。今天的传播不是用高难度技巧赢，而是靠耐心、靠钉钉子式的推进赢。比如，你每天拍短视频，一天一条，讲同一个主题，也许前10条没人看，但从第11条开始可能就小有流量了，从第30条开始可能就有固定粉丝了，到了第100条，你可能已经成为这个领域的权威。传播的本质，就是让一个清晰的价值点反复出现在用户面前，直到占据他们的心智为止。

举个例子，你可能看过那种3分钟讲一本书的短视频，有些人连续两年只做这个事。现在，一提到快速获取知识，你脑海里就会浮现出那个人。这就是传播的力量——专注一个点，敲到人记住为止。我刚开始经营视频号的时候也是尝试着做，聊一些我感兴趣的话题，视频制作得也很粗糙，没想到一年下来，也有几万粉丝。所以，别试图用“全能”打动所有人，用一个强力的点刺穿一部分人的心更重要。

2.划船：传播的核心在于重复

传播就是一场“划船比赛”。刚开始你用力划第一桨，船可能只是轻轻晃了一下，甚至根本看不到动静。但如果你每天坚持划、用力划，船的速度就会越来越快，水波会越来越大，影响范围也越来越广。你的每一次内容输出，都是一次划桨，推动你前进一点。

但问题是，大多数人划了两桨就停了。他们想一夜爆红，发现在短期内没效果，就立刻放弃。成功的传播，靠的是“重复”两个字。短视频也好，直播也罢，每天输出同一个清晰的价值点，就是在用户的心里钉钉子，直到他们一听说某个领域，就会想：“哦，又是他。”这才是传播的目的。爆款靠的是运气，持续输出才是实力。

用户刷你短视频的每一分钟，都是在给你付费。他们愿意在你身上花时间，说明他们觉得你有价值。可如果你今天讲职场，明天聊八卦，后天说减肥，他们还能记住你吗？不可能的。

传播不是娱乐，是教育。你在用一次次的内容输出，教育用户你是谁、你能做什么。很多人的心态不对，他们说：“等我把内容做好了，用户自然会来找我。”你觉得用户会突然发现你吗？醒醒吧，现在流量竞争异常激烈，不主动出击，你连出现的机会都没有。

传播，就是主动站在用户面前。短视频、直播、课程、图书，这些都是工具。但这些工具能不能产生效果，就看你用不用、会不会用了。别想着爆火，先想着让别人看到你。

今天你录一条短视频，告诉大家你是谁、能做什么；明天你直播，解答粉丝的问题；后天你写一篇文章，系统总结你的经验。这些都是传播的一部分。你不单单是在拍视频，你是在经营自己的未来。

3.从传播到收获：长期主义者的胜利

有学员问我："林老师，为什么那些红的人，传播都做得那么好?"答案很简单：他们早就开始做了，所有的一夜爆红，都是持续播种的结果。就像网红山东菏泽郭有才，因为一首《诺言》，所有人都认识他了，其实他已经直播好几年了。传播从来不是今天播种、明天收获结果。那些看上去爆火的人，背后是长期的积累。

你现在犹豫、拖延，不敢迈出第一步，等几年后再回头，你会发现：早5年做传播的人，已经用流量占据了行业制高点；而晚5年开始的，要花10倍的成本去抢夺市场。早做传播，你的成本是时间；晚做传播，你的成本是代价。

传播不需要你一下子做到100分，而是从50分开始，慢慢往上拉。今天录不好视频没关系，发出去，明天再改；用户没互动也没关系，坚持下去，总有人被你的内容打动。

传播的本质，是让你的价值跨越时间和空间，触达更多人。它是你与用户之间的桥梁。传播，可以不断放大你的价值，让需要得到你帮助的人找到你，让信任你的人依赖你。你以为你只是发了一条短视频，但实际上，你已经在用户心里埋下了种子。

传播不是工具，是武器。用得好，它能为你带来更多可能性；用不好，你就会被淹没在“信息噪声”中，成为可有可无的背景。

所以，你还在等什么？今天就拿起你的手机，录一段视频，告诉别人你是谁、你能做什么。不需要完美，不需要高质量，只需要开始。你不用评估自己牛不牛，用户不关心你有多牛，只关心你能否帮到他。所以，只要你呈现的内容是你觉得对别人有帮助的，就大胆放开干。

我有个粉丝量600多万的网红朋友，她直播带货，年产值近10亿。有一次，她说了一个观点：把自己活成一家“传媒公司”。我觉得太牛了，“95后”能有这样的思考，难怪不缺流量。

传播是你人生的主动权。每一次传播，都是在给自己的未来投资；每一次内容输出，都是在积累你的价值。别怕路长，越早行动，走得越远。

传播不是让你多一个爱好，而是让世界看见你的价值。

从今天起，把你的专业知识、人生经验、独特观点包装成“社交货币”，洒向人群。当足够多的人手握你发行的“货币”时，你就成了这个领域的中央银行。

这是一个需要贯彻长期主义的过程，但你只需要吸引到对的人就行！

第七节 进阶修炼

当你找到自己，世界就会找到你

无论你是供职于公司的某个部门，还是刚刚开始创业，第一步永远是精准定位自己。在这个竞争激烈的时代，你的核心价值和独特性，决定了你能吸引什么样的资源、获得什么样的机会。

定位，不在于拥有所有答案，而在于坚定地相信你的梦想，并通过精准的自我表达，吸引那些与你志同道合的人。它不仅关乎你如何看待自己，更关乎你如何让世界看见你。世界是通过你的行动、成果和故事来认识你的。

世界不会奖励默默无闻的努力，它只会为清晰、聚焦、能解决问题的价值埋单。那些在市场上成功的人，并非因为他们全知全能，而是他们找到了自己的赛道，并不断强化自己的独特价值。

你要有“品牌思维”，而不是“工具思维”。

很多人一开始就纠结“要不要做短视频？”“要不要写文章？”“要不要做直播？”其实这些都是战术层面的问题，不是核心问题。核心问题是：你希望被世界如何认知？你能给市场提供什么价值？

你的标签，决定了你的势能。

市场会用钱投票，筛选出你最值钱的能力。你能挣多少钱，取决于你能解决多大的问题。你在市场上的标签，可以方便别人快速识别出你的价值。

普通标签：某领域的从业者，如“职场导师”。

有价值的标签：精准描述你能解决的问题。比如，“专门帮职场老好人争取加薪”。

想要成为市场上的高势能人物，你需要建立一个能让人快速理解的标签，这个标签由以下三部分组成。

（1）用户痛点：能立刻引起目标用户的共鸣；

（2）你的核心能力：必须匹配你擅长的领域；

（3）结果承诺：让用户看到清晰的结果。

你的标签越清晰，势能越强，市场就越容易为你埋单。

1.三步练习：精准找到你的个人定位

如果你不知道自己的独特价值是什么，以下练习可以帮你梳理你的个人优势，让市场更容易记住你、选择你。

练习一：撰写你的个人宣言。

你的宣言不需要太长，3~5条即可，关键是真实、有感染力。你可以从以下问题入手。

（1）是什么让我与众不同？

（2）我的哪些特点可能会被人觉得“奇怪”？

（3）我绝对不会做的事情是什么？

在此过程中，你会更清楚自己的定位。

练习二：发掘你的初心，找到你的源动力。

在商业世界，干巴巴的使命宣言往往没有温度。真正能打动人心的，是你最初的梦想和初心。

回忆一下：是什么让你走上这条路？是什么让你每天都充满动力？你希望给世界带来什么改变？

这种源自内心的表达，比任何商业话术都更有感染力。你可以把它写下来。

练习三：描绘你的未来愿景。

清晰的愿景，能帮你吸引对的人，并坚定你的方向。试着回答以下问题，描绘你未来3~5年的愿景。

（1）3年后，你是什么样子？

（2）如果你消失了，这个世界会少了什么？

（3）你来到这个世界，是为了帮助谁解决什么问题？

（4）3年内，你实现了哪些关键成就？

（5）哪些人会因为你的存在而受益？

2.持续展示，让市场看到你的价值

这个时代，不是你牛，别人就会知道你牛。市场上最重要的能力，不是"会做"，而是"让别人知道你会做"。

3.如何让世界知道你的价值

（1）视觉锤：打造你的个人品牌形象（如固定颜色、穿衣风格、标志性动作等）；

（2）语言钉：建立你的专属表达方式（如罗振宇的"每天60秒，陪你终身成长"）；

（3）行动钩：用具体行动证明你的价值（如演讲、直播、写作等）。

市场是健忘的，你必须持续输出，让你的价值深入人心。

4.你可以采取的行动

（1）每天在社交平台上分享1条关于你专业领域的内容；

（2）每周制作1条短视频，帮助你的用户解决一个问题；

（3）每月写1篇深度文章，展示你的思考能力；

（4）每年举办1场线下分享会，扩大你的影响力。

5.你要有长期主义思维

定位自己，不是一次性的任务，而是一个不断迭代和升级的过程。你需要不断学习、调整，并用市场的反馈来优化自己的标签。

在这个过程中，你会遇到两种人。

第一种人：质疑你、嘲笑你，说你不行；

第二种人：认同你、支持你，甚至愿意和你一起前行。

你的任务很简单：无视第一种人，持续吸引第二种人。

最好的个人品牌，不致力于追求流量，而是尽可能吸引对的人；最有价值的定位，不是满足所有人的需求，而是精准切中特定群体的痛点。

所以，从今天开始，拿起笔，写下你的个人宣言、初心和未来愿景。让世界知道你是谁，你能解决什么问题，你想去哪里，然后，坚定地走下去。市场终将为你投票。

梭罗在《瓦尔登湖》中写道："如果一个人没有和同伴保持同样的步调，也许是因为他听到另一种鼓声。"

第三章

心法篇

心法通，则万法通。

学方法，你能走别人的路；悟心法，你能开辟自己的路。

方法是术，可解一时之困；心法是道，可定一生之局。真正的高手，不仅要掌握技巧，还要内化规则，打破规则，再创造新规则。

心法到位，步步生势，所向皆开。

第一节 确认

在不确定的时代，做高配得感的自己

2023年，我的插画师朋友微微在甲方要求改稿20多次后，平静地说："我的风格就是这样，如果您需要流水线作品，可以找更便宜的画手。"没想到，第二天，甲方就找到她当面道歉并全额付款，还把她的作品推荐给其他品牌。

你看，当你不断退让、妥协时，对方反而会变本加厉；而当你坚持自己，遵循自己的内心时，反而会赢得别人的尊重和敬佩。

当然，自我确认不是傲慢，而是对自我价值的绝对信任——它像一道光，能刺破外界质疑的迷雾，让你在不确定的世界里，始终活得理直气壮。这种配得感能让你用行动告诉世界：我值得，你也不该将就！

普通人需要证明给别人看，而高手是坚持自己，自我确认！我们在任何时候都要学会进行自我确认，这是我们进阶成为高手的核心法门。

为什么这么说？热力学上有个著名的熵增定律：在一个孤立的系统里，如果没有外力做功，总混乱度（熵）会不断增加，从有序走向无序。薛定谔在其著作《生命是什么》中提到：人活着就是在对抗熵增定律，生命以负熵为生。就像这个不确定的时代，本质上就是一场熵增运动，而“高配得感”就是对抗熵增的终极武器。

那么，我们怎么修炼自己的高配得感？

1.接纳自己：允许自己“暂时不够好”

在现实生活中，总有一些人会说等我赚到钱了，一定要去哪里旅游；等我瘦下来20斤，再拍短视频；等我能力更强了，再接高价格项目……等着等着，就会发现想要的一直不来。

高手的策略是：先假装自己配得上，直到自己真正配得上！体重160斤，老娘照样穿着辣妹装直播；用70分的能力接80分的活，倒逼自己成长。

2.建立配得证据库

大多数普通人，无论做任何事情都只记得失败。而有配得感的玩家——记住，我说的是玩家，他们都在建立自己配得的证据库：客户夸我方案专业；同事主动向我请教问题；陌生人给我的朋友圈点赞。我在最开始开课的时候，也在课程结束后找到有感悟的学员，请他们给我做正向反馈（用文字、照片、视频等），等到有需要的时候，直接拿出来：让客户替我说话。

你可以在你的手机相册里，单独做一个叫“我值得”的相册，专门用来收录客户好评、合作签约、成果数据，或者定期向镜子里的自己做正向反馈：你看，有这么多人需要我。

3.设计“高配体验”，驯化自己的潜意识

身体力行：买能力范围内最贵的西装见客户；在五星级酒店做方案，哪怕只点一杯咖啡；每个月抽出一天时间，做超出自己能力范围的事情。

语言重构：把“我试试”换成“我能搞定”；把“这个价格行吗”换成“这个价格很合理”；把“万一失败了呢”换成“成功了怎么庆祝”。

保险销售人员阿琳坚持穿定制套装见客户，3年后成为团队业绩王，她说：“穿得像女王，客户才会用对待女王的方式对待你。”我有个徒弟，她年收入不菲，有一天她想买块表，我直接推荐她买百达翡丽鹦鹉螺系列，我说这能降低高手识别你的成本。

4.转念升维：把打压变成筛选

你一定经常碰到这种情况：客户觉得贵。低配得感的反应是：客户嫌我贵，是不是我不行？而高配得感的反应是：这是在帮我淘汰非目标客户。

这种情况下，你要学会转念：当别人向你砍价的时候，以前

你会自我怀疑，现在你就当这是在筛选价值观一致的客户；当你被否定的时候，以前你会愤怒地辩解，现在你就当这是在挑选真正识货的人；当你被抄袭的时候，以前你会维权，现在你就当这是在证明自己已经是行业领袖。

配得感不是天生的，是你每一天用行动喂出来的。

当你看到这里的时候，请你重新给自己定个价格：你的一天值多少钱？大胆一点，即便你现在什么都没有，你就当作未来有一天，你对自己最理想的定价。定价后能开启你接下来的生命状态。本质上，你把你时间的颗粒度用金钱游戏的方式做了具体的量化，而定价就是配得感最好的验钞机。敢给自己定高价，本身就是一种能力！

再说了，人生是用来体验的，不是用来演绎完美的。当你觉得自己不配时，全世界都会占你的便宜。罗永浩说：彪悍的人生不需要解释。而这种配得感就像一道结界，能过滤低价值的关系，吸引同频的资源，在混乱中杀出一条具有确定性的价值之路。当别人还在纠结“值不值”的时候，你早已成为他们咬牙也想拥有的“非你不可”。

最后，以一首诗《相信自己》与你共勉。

相信自己

当所有人都忽略你时，

你要相信自己。

当所有人都嘲笑你时，
你要相信自己。
当所有人都怀疑你时，
你更要相信自己。

没有谁能替你撑起一片天，
只有你自己能决定你的未来。
走过荆棘，穿越风雨，
用坚定的脚步踏出一条属于自己的路。
不必在意他人的眼光，
不必在乎前方的阻碍。
只要心中有梦，脚下有路，
无论多远的目标，都能到达。

相信自己，
你的信念会照亮前方的路。
相信自己，
你的努力会赢得最终的胜利。
相信自己，
你就是你，独一无二的你。

第二节 藏锋

真正的高手，都深谙“藏”的智慧

《周易·系辞下》中说：“君子藏器于身，待时而动。”万物焕发生机离不开冬天储藏的实力，中国人也乐于顺应自然之道，将“藏”的内涵应用于日常生活中。

老子曾说：“良贾深藏若虚，君子盛德容貌若愚。”即善于做生意的人，总是隐藏其宝货，不叫人轻易看见；君子品德高尚，容貌却显得愚笨拙劣。一个有才华的人，要养成谦虚的品格，做到适可而止，不露锋芒。这样既能有效地保护自己，又能充分发挥自己的才华。

高手从来不在起跑的时候呐喊，只会在冲刺的时候亮剑。他们就像深海的火山一样，90%的爆发力藏在了平静的水面之下，却让所有航海者敬畏那暗涌的能量。

所以，要想活得好、走得远，就要学会“藏”的智慧。

1.藏心：收心养性，戒骄戒躁

你要把自己经营成一个宝藏，每次打开都有惊喜。这并不是要我们躲藏，而是通过不断提升自己、积累内涵，在适当的时候展现自身价值。这一过程需要长期的努力和耐心。

在信息更新速度飞快的今天，只有不断学习才能保持竞争力。藏心强调的是在平时不断学习、积累知识和技能，耐心等待时机成熟。急于表现自己，往往因准备不足而失败。正如《周易》所言，“待时而动”，只有在时机成熟时展示能力，才能事半功倍。

真正有智慧的人，都懂得“藏心”，在高处不骄，在低处不躁，他们守得住“心”，本事不外露，不张扬，积累的都是人生的沉淀。

《菜根谭》有言：“故君子要聪明不露，才华不逞，才有肩鸿任钜的力量。”静则神藏，躁则消亡。人生高低错落，能决定人生道路方向的，一直都是自己的内心。

2.藏身：隐而不显，积蓄力量

“藏身”并不是怯懦的表现，而是一种战略性选择。它强调在平时低调行事，不轻易显露自己的全部实力，等需要的时候才展示出来。这样不仅可以避免不必要的竞争和冲突，还能在关键时刻发挥最大的能力。

这种智慧在中国古代兵法中早有体现。《孙子兵法》中提到：“昔之善战者，先为不可胜，以待敌之可胜。”意思是说，善于打仗的人，先使自己立于不败之地，然后等待敌人犯错，给予致命一击；通过隐藏自己的真实意图和实力，来赢得最终的胜利。

在职业生涯和日常生活中，懂得管理期望值至关重要。期望值管理不仅会影响他人对我们的看法，还能在我们与别人建立信任关系时有效地保护我们。我不会在第一次见面时期望别人对我有过高的评价，而是采取循序渐进的方式，逐步提升对方对我的信任感。

通常情况下，我希望第一次见面时他们给我打60分，觉得我还不错，但不特别出众；第二次见面时，我会表现得更好一些，希望他们给我打70分；第三次见面时，我会进一步展示自己的能力和价值，争取80分的评价；第四次见面时，他们可能对我有90分的评价。

这种逐步提升的策略，核心在于期望值管理。学会“藏”并不是隐藏所有优点，而是避免在第一次见面时展示出所有优点和能力。如果第一次见面时就给对方留下100分的印象，那么第二次见面时即使表现得同样优秀，对方对你的印象分可能也会降到80分。这是一种减分效应。采取60分、70分、80分的逐步提升策略，这样对方每次见到我们都会有新的收获和惊喜。

在我的人生哲学中，期望值管理是一个不断向上的过程。这种逐步提升的策略实际上是一种心法，即学会藏锋芒。

3.藏气：积蓄能量，稳步前行

“藏气”指的是在日常生活和工作中，保持内心的平静与专注，积蓄能量，为未来的行动做充分准备。这种智慧不仅是一种策略，更是一种心态。调节自身的心态，保持内心的平和与稳定，可以更好地应对外界的各种挑战和变化。

曾国藩在平定太平军之后，曾氏家族处于鼎盛时期。半年之内，曾七次拜君受恩，手下统领的人马也不计其数。可偏偏就在这时，曾国藩却选择了功成身退，自动裁撤了手下的湘军。

族人对他的做法不解，可他说：“日中则昃，月满则亏。”曾国藩懂得“藏”，懂得适当的停顿是为了日后蓄势。正如《菜根谭》所言：“河沙裹流，非沉淀不能清澈；人生祸患，非取舍不能避之。”

水之所以清澈，不是因为不含杂质，而是因为它懂得沉淀；人之所以通透，不是因为没有杂念，而是因为明白取舍。适时的停顿不是消沉，而是以心审视浮躁，在宁静中找到自己的位置。

庄子在《达生》篇中讲过一个故事，他将人比作斗鸡，分为四个阶段。

第一阶段：没有实力，喜欢张牙舞爪，像街头撒泼的混混；

第二阶段：争强好胜，好为人师，喜欢指点江山，像脾气火暴的年轻人；

第三阶段：表面虽低调，但锐气未减，容易意气用事的中年人；

第四阶段：呆若木鸡，却身怀绝技、不动声色的高人。

呆若木鸡，是“藏”的最高境界。“藏”看似慢人半拍，实则是根基牢固之后的厚积薄发。就像荷花开满池塘需要到第30天，但覆盖半个池塘却需要前29天。

“藏”的智慧不仅仅是隐藏和等待，更是一种深思熟虑的生活策略。通过不断提升自己、保持低调和积蓄能量，我们可以在关键时刻发挥最大的作用，达到事半功倍的效果。

所有的蛰伏，都是为了更好的蓄势待发。

当别人炫耀弹药时，你在修筑堤坝，时间会给你最好的答案。记得把底牌压在箱底，当时机成熟时，你亮出的每一张牌，都将改变战局。

第三节　恐惧

你越害怕什么，就越拥抱什么

有阵子，我和朋友聊起一个现象：我们最害怕的东西，往往会一步步把我们吞噬。

比如，有些人害怕失败，所以他们特别努力，拼命追求“安全”，结果呢？他们把自己的人生活成了一个牢笼，不敢跳槽、不敢创业、不敢冒险，生怕做错一步。结果就是，日复一日，活成了自己最害怕的样子——一个被困住的人。

再如，有些人害怕孤独，所以他们拼命迎合别人，哪怕委屈自己，也要让别人喜欢自己。但讽刺的是，越是害怕孤独的人，越容易变得孤独。因为别人总能感觉到你的不安和依赖，而真正的关系，靠的是独立，而不是依附。

为什么会这样？为什么恐惧不仅不会保护我们，反而会推着我们走向自己最害怕的结局？现在，我们就来聊聊“恐惧”这件事。

1.你害怕什么，往往就会被什么控制

我们先来看一个经典的心理学现象，叫“自证预言”。就是你心里预设了一个恐惧，它就会不知不觉地影响你的行为，最后真的把你带向那个结局。比如，你害怕失败，所以你特别谨慎，不敢尝试新东西，生怕做错一步。结果呢？你越来越没有新技能，逐渐被时代淘汰，最后真的失败了。

你害怕被人拒绝，所以在人际关系里，你总是小心翼翼，不敢表达真实的自己。结果呢？关系变得越来越浅，别人对你越来越敷衍，最后你真的成了那个被疏远的人。

你害怕贫穷，所以你不敢辞职、不敢投资、不敢尝试任何有风险的事情。结果呢？你一直困在低收入的环境里，真的变得越来越穷。

恐惧不仅不会让你远离危险，反而会像黑洞一样，把你一步步吸进去。

2.恐惧是假的，你的选择是真的

明朝大儒王阳明，曾经被贬到贵州龙场。当时的龙场是个什么地方呢？瘴气弥漫，环境恶劣，很多人都觉得，去那里就等于送死。当王阳明得知自己被贬到贵州龙场的时候，他恐惧吗？当然恐惧。

那年，他30多岁，原本仕途光明，却因为得罪宦官而被贬谪到这片荒蛮之地。出发前，狱卒告诉他："去了龙场，活着回来的人不多。"同僚们惋惜地看着他，仿佛在看一个已经死去的人。

路上，他的马车一直在颠簸，车轮碾过泥泞的山路，耳边是连绵不断的虫鸣和野兽的嚎叫。他的手时常握紧袖口，掌心全是汗。他怕吗？怕。

怕自己一病不起，死在这片远离家乡的地方；怕从此被世人遗忘，一生碌碌无为；怕这趟旅程，真的成了人生的尽头。

可是，他没有选择逃避。到了龙场，他第一时间做的，不是哀叹，而是观察：这里的山，终年云雾缭绕；这里的溪水，冰冷刺骨；这里的村民，神色警惕，对外来者充满敌意。

他意识到，恐惧就像眼前的这座山，远远看去险峻无比，但你只有走进去，才能真正摸清它的轮廓。于是，他开始行动。

第一步，让身体适应环境。他亲手搭建茅屋，不靠当地百姓施舍，也不沉溺于自己的"读书人"身份。他和村民们一起劳作，学着生火、取水、打猎。每一块搭建房屋的木头，都是他自己砍的；每一顿饭，都是他自己煮的。他把恐惧化作一个个可以解决的难题，而不是沉溺在"我该怎么办"的绝望里。

第二步，用理智审视恐惧。他夜里独坐在山崖边，看着月亮，问自己：我到底在怕什么？是怕贫瘠的环境，还是怕内心接受自己"失败"的事实？是怕生存的艰难，还是怕被世界抛弃？

他想明白了，恐惧最深的部分，不是客观环境，而是心里不愿接受的东西。人害怕的，往往不是眼前的困境，而是对未来的无力感。

第三步，主动创造意义。他开始读书、思考，把龙场变成自己的修炼场。他告诉自己："既然已经到了这里，那这里就是我的战场。"他开始向当地百姓讲授儒学，甚至在这片荒野里建立一座书院。他发现，恐惧最好的解药，不是逃避，而是投入，把自己完全交给当下，去做能做的事。

渐渐地，他的身体变得强健，心态变得沉稳，甚至开始感谢这片土地。3年后，他已经完全不再害怕龙场，而是带着从未有过的自信，回到了世人面前。这就是他面对恐惧的方法：看见它，分析它，然后穿越它。

恐惧不会消失，它永远都在。但当你走近它，把它拆解成一个个具体的问题，去适应、去思考、去行动时，你会发现，它并没有想象中那么可怕。所以，恐惧是假的，只有你的选择是真的。

3.如何打破恐惧

第一步：看见恐惧，不要躲。

很多人会对自己说："我不是害怕失败，我只是更谨慎。"

"我不是害怕表达，我只是性格内向。"

"我不是害怕孤独，我只是更喜欢独处。"

这些说法听上去没问题，但其实都是在逃避。真正的转变，从承认恐惧开始。你必须先承认自己害怕了，才有可能打破它。

你最害怕的是什么？写下来。

然后问自己：这个恐惧真的存在吗？它真的会毁掉你吗？

第二步：行动，让恐惧消失。

恐惧是一堵墙，远远看去很高，但当你真的走近它、穿过去时，你会发现，它根本没什么。害怕失败？那就逼自己去失败一次，看看最糟糕的结果是什么。害怕被拒绝？那就主动尝试被拒绝100次，你会发现，这根本没什么。害怕公开演讲？那就报名参加一个演讲比赛，站上台，你会发现，恐惧只是在你脑子里。

所有的恐惧，只有靠行动才能消除。你越逃避，它越可怕；你迎上去，它便不值一提。

第三步：习惯恐惧，把它当作朋友。

恐惧不会消失，它是人的本能。真正聪明的人，不会消灭恐惧，而是利用恐惧。

每当恐惧来临时，不要害怕，要对自己说："这说明我在变强。"习惯恐惧，让它成为你的动力，而不是你的枷锁。顶级的高手会把恐惧当作健身器械，定期加码才能突破极限。顶级的高手甚至把恐惧当作朋友，期待它的到来——因为恐惧的背后藏着等值的礼物。

恐惧的本质不是敌人，而是还未被你驯服的野马。当你骑上它时，它会带你跑到你不敢想象的远方。

人这一生，其实就是在不断地同恐惧做斗争。

你害怕什么，人生就会给你安排什么，直到你学会面对它、战胜它。

从今天起，把你的颤抖变成鼓点，把冷汗变成燃料，把退缩的念头变成进攻的号角。当别人还在问“失败了怎么办”时，你早已在恐惧的废墟上建立属于自己的“王国”。

第四节　翻篇

过去的失败，不配定义你的未来

2022年，演员贾玲在《你好，李焕英》大获成功后，摆脱了“女喜剧人”的标签，闭关一年减重100斤。当所有人以为她要转型时，她却带着《热辣滚烫》回归：减重不是告别过去，是证明我随时能创造新版本。翻篇的本质是亲手把过去的自己送进博物馆——你可以怀念，但绝不回头。

在人生当中，每个人都会经历至暗时刻，有的人会自暴自弃；有的人会越挫越勇；还有人会选择找一个没人认识的地方，独自舔舐伤口，重新开始生活。

余华说：“很多人觉得自己好像已经走投无路了，其实可能是你的情绪进入了死胡同，而不是你的人生进入了死胡同。”

不管在任何时候，我们都需要学会给自己做阶段性清零：不在巅峰处沉醉，也不在泥潭中堕落。当然，清零不是遗忘，而是给灵魂清理缓存。最酷的自己是：随时举起枪，亲手杀死过去的自己，然后满怀期待地开启下一段充满无限可能的精彩之旅。

具体该怎么做呢？当下如果你正处于迷茫期，那么一定要好好运用这三大心法。

心法1：情绪是可以选择的

“与其说我的感受是我的境遇的结果，不如说我的感受是我自己的选择。”

美国心理学家阿尔伯特·艾利斯创立了“情绪ABC理论”。A代表事件（Activating Events），B代表信念（Beliefs），C代表结果（Consequences）。ABC模型指出，不是事件本身导致情绪反应，而是对事件的信念和解释导致情绪和行为反应。通过改变B（信念），可以改变C（结果）。

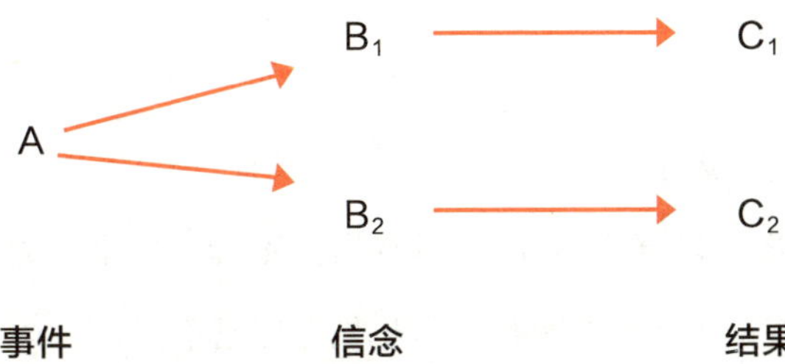

也就是说，事情本身没有情绪，是你对事情的看法引发了你的情绪。

比如，爱迪生在改良电灯的过程中失败了上千次，他却自信地说，我没有失败过，我只是发现了1000种不适合做灯丝的材料。

再如，你在跑马拉松的时候，最后10千米通常是非常痛苦的，体能达到了极限，全身肌肉酸疼，你的双腿甚至开始抽筋。这时候，如果你想“我这么折腾是为了什么”，那你就更泄气了，可能会放弃比赛。

但如果你想，我自己做的选择，我一定要坚持到底，这是对我的挑战。这种感觉没有那么好，但是它更积极，能让你成长。有情绪很正常，毕竟人总是生活在故事之中，活在无常里，可正如凯文·凯利所说：“疼痛是不可避免的，但受苦是可选的。”

你可以选择看待事情的态度，从而选择想拥有的情绪。每次碰到难关的时候，你就跟自己说一声：大不了从头再来。你的灵魂就多了一件铠甲！

心法2：你是一切问题的根源

从所有问题中找到自身的原因。管理学上从来没有“你应该怎么样”，更没有“他应该怎么样”，只有“我应该怎么样”。从来没有“这一届员工不行”，只有自己不行。如果真的是员工不行，你没有把不行的员工换掉，也是你自己不行。

很多学员来找我解决他们在事业上的卡点问题，我通常会引导他们把问题回归自身，这一步非常重要。孟子曰：“爱人不亲，反其仁；治人不治，反其智；礼人不答，反其敬。行有不得者，皆反求诸己。”意思是说，在面对人际关系和管理问题时，一定要先反问自己，是不是自己有问题？

很多人往往把问题归于外部因素，而意识不到解决问题的关键在于自身。通过引导他们思考自身的问题，他们认识到自己可以成为改变的力量。

接下来是第二个步骤，让他们看到更大的可能性。这一步是为了打开他们的思维，让他们认识到除眼前的困境之外，还有很多未曾考虑的解决方案和机会。我会通过提问和引导，让他们自己去发现这些可能性。

第三个步骤是引导他们围绕这些更大的可能性去思考，并提出自己的解决方案，而不是直接给出方法。通过这样的引导，即使他们一时没有想到具体的方案也无妨，我会在他们提出一些思路后，帮助他们优化和调整。这样不仅能激发他们的创造力，还能使方案更具针对性和实用性。

因为只有通过自我反思和内在调整，他们才能找到真正的解决方案。

你永远无法改变别人，你只能改变你自己。你只有改变自己，才有机会改变别人。

心法3：翻篇，一切都会过去

在解决问题的过程中，我经常会用到一个叫“切割”的动作。我们需要学会与过去切割，只有轻装上阵，才能激发无限潜力。

很多人会反复提到过去的失败，这时候，我会提醒他们要学会喊停、翻篇。今天是新的开始，要从现在开始重新出发，不要让过去的阴影影响当前的决策和行动。例如，有一位学员总是被过去的失败困扰，我通过引导他进行切割，他逐渐学会放下过去，开始重新审视自己的目标和方向。

跟过去的自己说再见，是一场深沉而温柔的仪式。站在被夕阳余晖染红了的海边，脚下的沙粒柔软而温暖，海浪轻轻拍打着岸边，像是时间的絮语，带走了心中的沉重与无奈。你缓缓闭上眼睛，感受海风拂面，那是一种深刻的宁静，仿佛天地间只剩下你与内心的对话。

在这静谧的片刻，你与过去的自己相遇，像老友般温暖而平和。你轻声道："谢谢你，过去的我，带我走过那些艰难的时刻，拜拜。"这一句轻柔的告别，如同潮水般轻轻退去，带走那些未解的心结和遗憾。

当你再次睁开眼，远处的天际线在夕阳中泛着金色的光芒，海天相接，广阔而辽远。此时的你，已与过去的种种和解，内心的负担在这场告别中悄然散去。你感受到从未有过的轻盈，仿佛整个世界都在静静等待你以崭新的姿态，去迎接未来的每一个晨曦。

学会翻篇，我们才能心无旁骛地追求新的目标。每一次的翻篇都是一次自我释放和重生，给予我们无限的力量和勇气。

网球名将李娜说过，她曾经陷入事业低谷。那段时间，每天体育版的头条都赫然写着："李娜状态低迷。"在接下来的比赛中她次次首轮出局，甚至败给了资格赛中的小将。与此同时，李娜和她的教练莫滕森的合作也走到了尽头。

她在自我怀疑的旋涡中一边打转一边逼问自己："为什么我训练那么认真，比赛时却频频陷入困境？"停留在失败中，无法重启心态，是李娜困在原地的重要原因。她坦言，当时的自己具备夺冠的实力，却不具备夺冠的心态，困在一场又一场的败局里，无限内耗。

在持续了14个月的冠军荒、多项赛事"一轮游"后，李娜突然觉得局面不会更糟了。她决定翻篇，让一切过去，给未来让路。

从2012年下半年开始，李娜调整状态，终于在"超五系列赛"中夺冠。李娜说，过去的一年多她只顾着和自己的每一场失败较劲，自己卡在"过不去""想不通"里。很多事情，靠想是想不通的。人生的路要靠走，只要向前多走一步，局面就会不一样。

就像罗曼·罗兰所说："不要为过去的时间叹息！我们在人生的道路上，最好的办法是向前看，不要回头。"向前看，才能不被往事羁绊，不被过往的情绪纠缠。毕竟，人生的路，永远是往前走出来的。

人生这场游戏，真正的赢家不是从不失败的人，而是拥有

“一键重启”勇气的人！一定要把自己活成“无限重生”的样子，经常翻篇，随时可以重来！

这样的人，想想都很酷！

第五节　成就

爱是通关门票，成交是成就的开始

不知道你有没有留意，你身边总有一些人做生意时，不好意思收身边朋友的钱，害怕被人说他赚朋友的钱；还有一些人，每次介绍产品或者项目，到了要成交的时候，就支支吾吾，手心冒汗，做了很多无用功；还有一些人，前面说得天花乱坠，一旦你交了钱，就等于关系结束。

其实，这些人都没有真正明白，这个世界上最好的商业模式是以“爱”为底层逻辑的。很多人觉得“爱”这个词太虚，不如谈钱、谈方法实在。但真正的高手都明白：爱是你通关的门票。

你想让客户埋单？你要先爱他们的问题，而不是爱他们的钱。

你想让团队死心塌地？你要先爱他们的成长，而不是爱他们的劳动力。

你想让个人影响力爆发？你要先爱你能帮到的人，而不是爱自己的面子。

爱，才是高手的底层操作系统。成交，则是这个系统运转后的“数据报告”——证明你真的帮到了人。自带“吸金体质”的高手都明白：以爱为底色，以价值为翅膀，成就每一个需要你的人，而成交是成就的开始。

那我们怎么修炼？

1.破除心魔：成交不是索取，而是互惠

很多人觉得谈钱伤感情，尤其当你是创业者、销售人员、顾问时，总是在成交的瞬间心里不自觉地害怕。但我想告诉你一个真相：不敢堂堂正正谈钱的人，本质上是不相信自己能带来真实价值，或者，你根本就不相信自己。

就像你去医院看病，会担心付医药费让医生不高兴吗？不会的，因为你知道医生在用专业知识救你的命。同样的道理，如果你真心相信自己的服务、产品、项目能改变对方的生活方式，收钱反而是尊重对方的表现。

2023年，有个青岛的品牌方通过朋友推荐找到我。在彼此深入了解之后，她非常认同我的价值。我直接报价年顾问费用300万。她听完非常惊讶，说她整个品牌一年营业额还不到1000万，300万怎么付得起？我反问她：如果一年我能帮你多赚1000万，

付我300万，你愿不愿意？她说：那肯定愿意。我说那我们先合作3个月，如果你觉得物超所值，我们就继续；如果你觉得不值，我退你80%，因为有团队基础的服务成本。3个月后，不仅继续合作，我也投资了这个品牌。

1年多的时间，这个品牌的产值从原来不到1000万，飙升到年产值1.2亿。今年（2025年）有可能突破2.5亿。关键是，整个品牌吸引了很多行业大咖和人才，形成了自己的核心竞争力。

如果没有成交这个动作，就没有后来的品牌突破。当你非常清楚你能给别人带来什么的时候，请记住：爱他，你就成交他！

2.以爱驱动：成交对方等于成就对方

为什么说成交等于成就？

如果咨询公司华与华当年没有成交蜜雪冰城，可能今天蜜雪冰城的市值就不会破千亿；如果金枪大叔当年没有成交铂爵旅拍，就不会有今天的梯媒广告：想去哪拍，就去哪拍。

在这点上，我深受我的合伙人胡总的影响，我们的企业也是行业的头部品牌，在她的带领下，我们一直在向我们的合作伙伴传递“让所有人成就所有人，让所有的信任都得到信任”的理念。在她创业的10年里，很多跟随她的人都挣到了大钱。我们的体系在过去5年帮扶了全国超过10万家美容院门店，组建了超1000人的超级卖手团队和拓客团队，用“913帮扶计划”帮助门店用2天时间完成了5万~100万的业绩。她的核心逻辑是，找到合作门店的痛点，坚持做难而正确的事情，设计并完成解决方案的闭环，用“913帮扶计划”成交。这才有了后端的业绩赋能的成就。

成交，是成就的开始。如果没有成交这个动作，就不会有后面的故事。

教培机构的“差生逆袭计划”，水果摊主提供的“糖尿病特供套餐”，程序员接活“BUG救援计划”，母婴店的“爸爸育儿计划”，保洁阿姨的“收纳师副业”等，都是站在客户的立场，以“爱”的名义为产品代言。

你都不敢启动成交，又如何成就对方？如果没有成交这一步，是不是也说明你的东西不见得就是对方想要的？

所以，当爱成为成交的通行证时，商业将不再是零和游戏，而是生生不息的能量循环。每一个内心有爱的人、用心做产品的人，都应该有十足的底气告诉客户：因为爱你，所以我一定要与你成交，这是我成就你的第一步。

如果可以，请做一个“成就成瘾”的狠人，痛痛快快地、时时刻刻地去成交你想成交的人。因为在这场共赢的游戏中：爱是动词，成交是量词，成就是负数。

当你成就的人足够多的时候，全世界都会为你让路，那些被你成就的人反过来也会成就你。就像佛家所说：“本欲度众生，反被众生度。”

第六节　实修

三把密钥，带领你实现真正的“知行合一”

多数人都有这样的体验，花了很多钱，小到几千，大到几百万，跟着全国各地的老师上课，几年下来，道理知道了很多，却依然找不到突破口，经营上一直没什么起色。

甚至有时候你对人生的精心规划，都抵不过命运的一次不怀好意的安排。就像网络上流传的“听了很多道理，依旧无法过好这一生”，为什么呢？因为听到的是别人的道理，跟能不能过好自己的一生并无关系。特别是在创业的路上，市场不相信眼泪，真相往往是残酷的。而创业者最大的敌人，不是市场或竞品，而是知行分裂的自己。

王阳明500年前在剿匪过程中悟得的真理，恰恰是当代创业者的破局关键：知者行之始，行者知之成。但现实中，太多创始人被困在“深夜想通所有道理，清晨回到原有轨迹”的怪圈。

王阳明强调“知”和“行”是统一的，知是未发动的行，行是已经实现的知，这两者是无法分离的，是同时进行的。当一个人起心动念想获得某种认知时，实际上已经算是行动了；在一个人做完某件事后，他也获得了真的认知。就像一个人孝顺父母，他内心产生这样的想法，很自然地就能付诸行动，而不需要做心理建设，这是因为他真正认识到了孝顺的道理。接下来，笔者给大家三把钥匙，助你知行合一，将认知淬炼成决策本能，让行动长出思想根系。

第一把钥匙：意念先行，行动自然跟随

当你内心坚定一个信念时，行动就会自然而然地跟随。例如，你认定健康重要，这一意念会驱动你去锻炼，几乎无须进行过多心理建设。意念是行动的引导者，先有意念，行动才能不拖延。

意念先行则是在行动前的准备阶段，通过各种方式积累经验和知识，这些准备可以在实践中得到验证和反馈，从而进一步促进知行合一的实现。也就是说，知道自己想成为什么样的人，知道自己未来想去哪里。

在龙场悟道之前，王阳明经历了各种磨难，这些磨难让他知道心之所向。他通过面对生死的考验，积累了丰富的心理能量和智慧，在龙场悟道时彻底领悟知行合一的真谛。

当你意识到你想成为谁时，当下的你自然开始成为那个人。

在龙场悟道时，王阳明意识到自己想成为圣人，于是他立刻决定从当下开始，以圣人的标准来要求自己。那么，圣人应该做什么呢？理解了这一点后，他的行动和思维方式就会变得非常明确，这种思维架构是非常清晰的。

意念先行就是提前明确自己未来的目标。例如，假设我知道3年后我要站在一个重要的舞台上，我就会提前进入那种状态。虽然实际站上舞台可能需要3年的时间，但我现在就开始行动和思考。先拥有那种意念，然后逐步成为自己想成为的样子。

第二把钥匙：实践验证，调整认知路径

有了意念，行动随之而来，但并非一蹴而就。通过不断实践，你会发现哪些行为有效，哪些行为需要调整。这种实践反馈机制能帮助你不断提升认知水平，这样行动会更有方向感和准确性。

王阳明也不是一开始就能做到知行合一的，可他不允许自己对世界的理解建立在模糊之上。所以，他在人生问题上极度地较真，当他选择相信朱熹时，朱熹说过什么话，他不会只要求自己记住，或者从字面上理解，他必须去践行、去体验、去验证；当他选择追随佛道时，他不允许自己心猿意马，他必须切断亲情，否则，他于心难安。

比如，他曾经深入研究朱熹的学说，尤其是关于格物的学说。这个格物的学说，简单来说，就是你可以在万事万物上去寻觅天理，这是通往圣贤境界的必由之路。王阳明接受了朱熹的这

套说法，18岁那年，他在自家后院找了一丛竹子，试图从竹子身上找出天理来。结果呢？王阳明盯着竹子整整研究了7天。7天之后，他病倒了，但一无所获。

这件事情对王阳明的打击是非常大的，这等于直接否定了他从小就树立的要做圣人的信念。他想不通，为什么自己花了好几年时间刻苦钻研朱熹的学说，又在竹子面前坚持研究了7天之久，但依然搞不懂格物这样一个简简单单的概念。

这种较真的态度给他带来了巨大的精神痛苦。不过，正是这种真诚，使他能够在很多问题上看得透彻，他知道自己为什么这样做，又为什么不那样做。

此外，这种建立在较真之上的人生观，是极为稳固的，这使得后来的他能够有足够的自信和底气来面对这个世界，而不会轻易被外界动摇。他对自己正在做的事情有充分的主动性，并且能够在必要的时候坚决地采取相应的行动。而这些，其实是一个成大事者必备的素质。

第三把钥匙：破心中贼，积累力量

王阳明曾说："破山中贼易，破心中贼难。"所谓"心中贼"，指的是我们内心的各种迷茫、欲望、恐惧和自我怀疑。这些障碍往往是我们行动的最大阻力，若不加以克服，即使有再多的知识和意念，也难以真正做到知行合一。

王阳明的整个哲学和实践就在说一个事：如何破除恐惧。龙场悟道就是一个非常深刻的破除恐惧的过程。

他被廷杖打屁股，被贬官，被太监刘瑾派人追杀后假装投江自尽，逃脱之后又差点被老虎吃了……遭遇了种种不幸，想死的心都有。最后到了极其蛮荒的贵州龙场，住在周围的，除了毒蛇虎豹，就是语言不通的当地土著，他陷入了一种深深的绝望。

他亲眼看到发配到这个地方的一个人连同他的儿子和随从，在一天之内，由于经受不住此地的瘴疠之气，三个人都死了，他想象自己有一天也可能这么突然死去。

这种情况下，王阳明躺在一口石棺里想：如果此刻我死了会是什么样？用海德格尔的话说就是“向死而生”，突然面对死亡，想象自己已经死了，那还有什么可怕的？

于是在石头棺材里，王阳明突然悟到：没有任何东西是可怕的。当“怕无可怕”，进入极度绝望以后，他就什么都不怕了。这时候，他突然意识到：他不需要任何外界的东西来给自己打强心针，来支撑自己。

当恐惧被驱散时，王阳明的内心感到了一种强大的力量。据记载，当时他从棺材里出来，面对群山狂喜大吼，悟出八个字：“吾性自足，不假外求。”意思是内心的善良和智慧已经足够满足自己的需求，不需要向别人寻求帮助或者赞赏。

爱因斯坦曾说：“你无法用提出问题的思维解决问题。”我们的恐惧是由我们原来的认知导致的，你原来的认知是不可能驱除恐惧的，王阳明告诉我们：要用行动来驱除恐惧。

即使面临最糟糕的情况，发现也不过如此，一切也就云淡风轻了。

这是一条充满挑战和磨砺的道路，但正是在不断实践和反思中，我们才能真正实现自我突破。顶尖的创业者不是思想的巨人或行动的莽夫，而是会让认知与行动形成生命循环的有机体。

正如王阳明说的“事上磨炼”，纸上得来终觉浅，绝知此事要躬行。

第七节　进阶修炼

你就是自己最伟大的作品

每个人的生命，都是一幅未完成的画卷。无论你此刻身处何地，经历何事，记住，画笔始终掌握在自己手中。你的人生，不必依赖他人来赋予意义，因为你本自具足，拥有创造生命杰作的无限潜能。

在这个充满竞争与欲望的世界，我们总是被外界的声音裹挟，渴望更多的财富、更高的地位，甚至是别人的认可。我们习惯向外寻求答案，却忽略了一个最本质的真理——真正的力量，来自你的内心。

当你真正确认自己，世界才会确认你。高手与普通人的分界线，从来不是才华或机遇，而是是否相信自己值得。你有没有注意过，当你不断退让、妥协时，世界往往得寸进尺；而当你坚定地自我确认时，世界反而会为你让步？

世界的规则从来不是“你够好，就有人珍惜你”，而是“你认为自己值得，世界才会匹配你的价值”。

可是，为什么我们总是不敢确认自己呢？

1.你害怕什么，人生就会给你安排什么

我们最害怕的东西，往往会一步步把我们吞噬。

有些人害怕失败，于是拼命追求“安全”，结果活成了最不想成为的样子——被困在舒适区，不敢跳槽、不敢创业、不敢冒险，生怕走错一步。最后，他们真的一事无成。

有些人害怕被拒绝，所以在人际关系里总是小心翼翼地迎合别人，生怕自己不够好。但讽刺的是，越是害怕孤独的人，往往越容易孤独。因为别人能感受到你的不安，而真正的关系，靠的是独立，而不是依附。

恐惧不仅不会保护你，反而会像黑洞一样，把你一步步吸进去。心理学上，这被称为“自证预言”：你预设了一个恐惧，它就会影响你的行为，最终把你带向那个结局。

你害怕贫穷，所以你不敢辞职、不敢投资、不敢尝试任何有风险的事情。结果呢？你真的越来越穷。

你害怕失败，所以你不敢尝试新事物，结果你的能力停滞不前，最终真的失败了。

你害怕被忽视，所以拼命迎合别人，但别人并不会因此更珍

惜你。

请写下你最害怕的三件事，以及它们给你带来的影响。

我害怕______________，所以我一直不敢_______________。

我害怕________________，所以我总是_________________。

我害怕____________，所以我没有勇气去_______________。

思考：如果没有这些恐惧，你的生活会变成什么样？

如果你一直觉得自己不够好，那整个世界都会来帮你证明这句话。但如果你开始确信自己值得，整个世界就会开始匹配你的价值。

2.你无须证明，只需要确认

当你不断向世界证明自己的时候，你已经输了。高手与普通人的区别就在于，普通人总是向世界索取认可，而高手自己确认自己的价值。

可是，我们往往不敢。我们总是在等，等自己变得更优秀，等自己更有经验，等所有条件都成熟以后，再去争取应得的东西。

“等我赚到钱了，我再去旅游。”

“等我瘦下来20斤，我再拍短视频。”

“等我能力更强了，我再接高价格项目。”

可是，等着等着，你会发现，时间过去了，机会没了，你想要的，还是没有到来。

高手的策略是：先假装配得上，直到真正配得上。

想做短视频？就算体重160斤，也可以穿上喜欢的衣服，直接开拍。

想去旅行？不要等有钱了再去，先规划一次短途旅行，把梦想变成现实。

能力不够？没关系，先接单，再倒逼自己成长。

你想成为的那个人，不是等来的，是通过行动塑造出来的。

3.真正的高手，都懂得“藏”

聪明的人，不会在起跑的时候呐喊，而是在冲刺的时候亮剑。

高手不急于证明自己，而是懂得蓄力。他们像深海里的火山，90%的爆发力都隐藏在平静的水面之下。藏，并不是逃避，而是让自己始终处于进可攻、退可守的状态。

真正厉害的人，从不炫耀弹药，而是默默积蓄实力，直到关键时刻，一击制胜。

藏心：不要急于求成，要低调积累，成为“每次打开都有惊喜”的宝藏。

藏身：在合适的时机才展示实力，避免无谓的消耗，把能量留到关键时刻。

藏气：在短期波动中保持稳定，不受外界干扰，要始终拥有厚积薄发的能力。

4.用行动创造配得感

想要获得真正的配得感，光靠思考是不够的，你要每天多做一点点。

第一步：改变语言。

把“我试试”换成“我能搞定”；

把“这个价格行吗”换成“这个价格很合理”；

把“万一失败了呢”换成“成功了我该怎么庆祝”。

第二步：改变环境。

在能力范围内，主动进入更高规格的场景，让潜意识适应“我是这个层次的人”。比如，穿上更有品质的衣服，去高端场所喝一杯咖啡，习惯那种感觉。

第三步：每天有一点突破。

每天只要进步1%，一年后，你会比现在强数十倍。关键不是一下子做到完美，而是让成长成为你的日常。

5.翻篇：你的过去，不配定义你的未来

很多人不是输在能力，而是输在执念。他们被过去的失败困住，走不出来。翻篇，不是遗忘，而是给灵魂清理缓存。让一切过去，给未来让路。

你可以给过去的自己写一封信，来告别那些困住你的东西。

亲爱的过去的我：

谢谢你的努力和坚持。我已经不再执着于过去的那些痛苦、失败、遗憾。它们是我的经历，但不能定义我。

从今天起，我决定翻篇。我要把更多的时间和精力放在________上，我要去创造新的可能，而不是被往事困住。

未来的我，会感谢今天这个勇敢的决定。

签名：

日期：

你的人生是一件艺术品。而你，就是那位最伟大的艺术家。你的力量，来源于你的内心。你的创造，无穷无尽。

你就是你自己最伟大的作品。

第 四 章

改变篇

改变，就像升级打怪，不跳出旧地图，永远刷不到新装备。世界不停刷新，你不变，就会被系统淘汰。

真正的成长，不是更努力地重复，而是敢于推翻重来，重塑规则。

怕变，是困在过去；敢变，才有未来。

第一节 解码

潜意识，是你生命的“预言书”

你有没有发现，很多时候，你大脑明明想做的是这件事情，可是却偏偏做了相反的事情：深夜加班时突然想吃麦当劳；发誓想要减肥却总是破戒；明知该联系客户却拖延到深夜；想创业却总是不断怀疑自己……这些矛盾的背后，其实是潜意识在操控你的人生剧本。

著名心理学家弗洛伊德曾提出著名的“冰山理论”。人就像冰山一样，你所看到的冰山只有10%在水面之上，而90%都在水下。真正形成冰山格局的，恰恰是水下的90%。能看到的10%是你的意识，真正决定你人生的90%是你不容易察觉的潜意识。

也许你不一定清楚：我们每天有90%的行为是由潜意识驱动的。就像手机后台程序默默消耗电量，你的潜意识正在用“自动驾驶模式”书写你的人生。如果你想改变人生的运行轨迹，就需要破解你潜意识的“预言代码”。

以下三个法则能帮你重新植入你想要的代码。

1.察觉：照见潜意识的“后台程序”

10年前，我有机会去上心理教练的课程。在课堂上，我总想证明我很厉害，我的教练通过引导帮我回溯了一下我的童年，发现我的很多行为都是为了证明给我妈妈看，因为我从小接受的都是打压教育。无独有偶，我的同班同学郭总，他的公司经营得很不错，奇怪的是，每次见投资人前必犯胃病，甚至在关键谈判中总是退缩：原来12岁的时候，他因为成绩差被当众羞辱。这个创伤形成的潜意识——我不配获得认可，导致他在机会面前自我消极懈怠。幸运的是，我们通过课程察觉到潜意识对自己的“操控”，后面就改变了原来的运作模型。

你也回想一下：在你的生命中，是不是上舞台分享前，你特别想去卫生间？领导给你发短信，你是不是突然心跳加速？做重大决策时，你是不是反复刷手机？面对镜子时，你的左手是不是总想摸耳朵？明知道这个方案很重要，你是不是就要拖延到最后才能静下心来做？

可怕的是，我们都不知道自己为什么会走到今天这个地步，甚至活成自己讨厌的样子！

就像电影《卡特教练》里，教练问队员：你最害怕什么？

面对这些在贫民窟长大的孩子，他给出的答案是：我们最怕的不是别人看不起我们，我们最怕的是我们前途无量；我们真正怕的是我们光明的一面，而不是我们阴暗的一面。

只有察觉到潜意识的三大伪装，才有可能重新改写人生的“剧本”。

（1）身体信号：头痛、胃疼、失眠；

（2）语言模式：我不行、我不配、再等等；

（3）重复困境：总在相似的节点失败，大考必发挥失常。

所谓的命运，是潜意识深信不疑的语言。为改变表象努力10年，不如花10天时间改写潜意识代码。

2.重构：给大脑安装“新操作系统”

我之前做过一个案例：他是公司的销售总监，总是在业绩冲顶时莫名丢单。我在咨询的过程中，发现他的潜意识深信“有钱会家破人亡”，原来他小时候曾目睹亲戚因为有钱而与自己的家人反目成仇。我通过以下三个步骤给他完成重构。

（1）破除旧信念：给8岁的自己写一封信，跟之前的创伤记忆和解并切割；

（2）植入新指令：每天对镜子说“我值得拥有丰盛和幸福”；

（3）创造证据链：记录20个“有钱更幸福”的案例。

神奇的事情发生了：半年后他成为公司的销售冠军，收入翻了3倍。

想改变，就需要跟自己的潜意识沟通，也就是安装新的操作系统。

信念转化

旧程序：我不配；

新代码：我值得；

强化动作：每天收钱时说“谢谢你，我值得”。

旧程序：失败很可怕；

新代码：失败是经验；

强化动作：为每个失误写“学习收获”。

提醒可视化

手机壁纸换成“我是吸金体质”；

办公室里挂“客户排队送钱”概念图；

每天听《财富能量冥想》音频。

高能量场景植入

见客户前做“王者姿势”（双手叉腰抬头2分钟）；

谈判时想象背后站着10个支持者。

3.显化：让潜意识为你工作

神经科学家发现，当人强烈相信某件事时，大脑会激活“确认偏误网络”。自动不抓取符合预期的信息。就像一个人购物后突然发现满街都是同款车一样，这就是潜意识筛选机制显化的结果。简单的理解就是：所有的现实，都是潜意识选择的投影。

你选择人生剧本的时候，你对过去自己的剧本不满意，这个时候你希望改变，如果只是单纯从行为上进行调整，你会发现收效甚微。你需要先察觉你的潜意识在如何操控你，然后重构你的信念植入系统，剩下的就是不断去显化，直到这个潜意识为你打工。你可以试试下面这份行动清单。

晨间编程仪式

起床后对着镜子笑10秒。大声说三遍："今天即将有美好的事情发生在我身上。"用红色笔写下今日的工作目标，刺激潜意识。

扮演成功者

观察你所在领域内顶尖成功人士的微表情/手势/语音语调，每天模仿10分钟并记录心态变化。

证据收集法

建立"潜意识显化相册"，存放客户好评、转账记录、成就瞬间，每晚睡前翻阅，强化"我能做到"的信念。

当下你强化的潜意识，未来会为你提供无限可能。

这个世界的秘密是：所有优秀的人，都在自己的内心勾勒出一个想要的世界，然后充分相信自己，不遗余力地去实现它。

你要清楚：潜意识24小时永不关机，要么你掌控它，要么它支配你。

最后，请你此刻闭上眼睛，大胆地设计你想要的人生剧本。

第二节　寸进

艰难环境中的生存进化法则

在当下内卷的环境中，很多人找不到好的机会，甚至负债累累。有些人甚至越努力越绝望。为什么呢？大多数普通人在面对困境的时候，要么用蛮力硬扛，比如熬夜加班，降价促销，结果累到崩溃却收效甚微；要么躺平幻想“救世主”，等“行情变好”“贵人提携”，结果错过最佳的自救期。高手的做法截然不同，他们用“进化思维”把绝境当作训练场，用最小的代价试错，用最快的速度奔跑起来，找到对的姿势，然后狠狠地干下去。

我原来有个学员，2020年新冠肺炎疫情暴发的时候，他旅行社的生意直线下滑，他立刻想到转型。他用3天时间把线下路线改成“云旅游”直播。然后，测试了十几种直播话术后，锁定

“历史冷知识+景点实拍”模式，根据用户的提留时间调整内容，3个月里，粉丝量破50万，带货收入超过线下巅峰期。面对疫情，很多人估计都躺平了，在这种绝境中能活下来的人，一定是最懂得“动态调整”的。

如果当下你正面临生存困局，也想找到对的方式突围，不要觉得努力没有用，重点是你该换种努力的方式了。要想突出重围，就得一寸一寸地前进，成为更高版本的自己。这个过程就像打怪升级，要从难到易，一点一点地修炼你的“层级”，直到闯关成功。

1.大胆假设：用“疯子思维”破局

万一错了怎么办？行业几十年都这样，能怎么变？要钱没钱，要人没人，瞎折腾啥……因为有这些给自己打退堂鼓的理由，所以你心安理得地躺平。这个世界上唯一可以无中生有的就是你的梦想，你大胆想象一下，反正又不要钱。

那如何做有效假设？假设竞争对手都是纸老虎。假设自己新的方案只有10%的成功率。反正现在都这样了，我再研究3种方案试一试。

大胆假设的关键是：不追求“完美方案”，而是要找到“死不了的最小试错路径”。

最重要的是心境的变化，从原来的无能为力，到说不定可行。人就是这样，当你有了新的驱动力，你的行动力就会变得更强。在创业的路上，也许不一定有灯，但只要你走就一定有路！

2.小步快跑：用“低成本”验证假设

以前我们总想把所有事情都准备好了再上路，现在这个时代等不了我们。花3个月做的“完美方案”，可能一上线就过时了；花3天做的粗糙原型，快速试错反而可能会抓住机会。先去做，再慢慢改。先完成，再完善，干起来再说。

小步快跑三原则

（1）先开枪，再瞄准

任何想法，72小时内必须做出“最小可交付版本”。比如，想开线上课，先做9.9元直播；想开发App，先用微信小程序搭个简陋版。

（2）资源不够，搞“拼多多式创新”

没有设计师？用AI工具做海报。没有供应链？找1688做一件代发。想开店？先找就近的门店合作，摸清门店的玩法。

核心是：用工具代替人力，用外包代替全职，用杠杆代替蛮力。

（3）快跑不是为了跑远，而是为了“试出对的路”

快跑是在我们没有明确方向的时候，通过试错来找到对的方向。就像我一个原来做主持人的朋友想转型做知识付费，连做了9场不同主题的直播：职场干货（场均500人观看）；创业技巧思维（场均300人观看）；冷门历史（场均2000人观看）；情感赛道（第二场场均2万人观看）。他立刻All in情感赛道方向。

小步快跑的关键是：不怕丑，就怕慢。

3.试错迭代：贝叶斯理论下的“打怪升级”

贝叶斯理论是一种概率思维，简单地说，就是假设→验证→打脸→再假设。错了没关系，继续迭代即可。比如，你一开始判断抖音卖课能成交的概率为30%，试错一周，发了5条视频，自然转化了2单；再将概率提升到50%，试错一个月，发现ROI（投产比）为1：1.2，这意味着概率降低到20%，才能及时止损。

在实操过程中，你需要完成以下四个步骤。

（1）定指标：选1个核心指标（如转化率、复购率）；

（2）切场景：同一时间只测一个变量（如直播话术）；

（3）快反馈：24小时内分析数据；

（4）猛调优：有效动作要放大，无效动作立刻砍掉。

2017年，我构建了一个时间序列模型：将一年12个月视为独立的12个单元，每月为自己设定5个严格的考核标准。例如，第一个月我的考核内容包括：完成一场规模达300人的讲座、坚持日常的体育锻炼、看完10本书，以及成功管理至少100万的项目。

这些标准始终与我当时的职业规划紧密相连，涉及收入、知识吸收与反馈等方面。若某月我达到了这些标准，则标志着我从1.0版本晋升到了2.0版本。接下来定下新的标准，如果下个月又达到了标准，则代表我晋升到了3.0版本，没完成就还是2.0版本。我当时给自己定的目标是只要晋升到10.0版本，就相当于这一年我拿到了想要的结果，那么可以奖励自己一个价值10万元的礼物。3年下来，我身边的人对我的进步非常有感触。

寸进的关键是接受慢，但是决不接受停。我们需要在行动中找到最适合当下自己的高效益路径。

在这个剧变的时代，进化力才是我们的终极竞争力。如果你能像导航软件一样实时修正路线，把每次跌倒都当作养料，那就再没有什么能阻挡你火力全开。

最后，以美国诗人罗伯特·弗罗斯特的一首诗《未选择的路》与你共勉。

未选择的路

黄色的树林里分出两条路，
可惜我不能同时去涉足。
我在那路口久久伫立，
对着一条路极目望去，
直到它消失在丛林深处。

但我却选择了另一条路，
它荒草萋萋，十分幽寂，
显得更诱人，更美丽；
虽然在这两条小路上，
都很少留下旅人的足迹。
虽然那天清晨落叶满地，
两条路都未经脚印污染。

啊，留下一条路等改日再见!
但我知道路径延绵无尽头，
恐怕我难以再回返。
也许多少年后在某个地方，
我将轻声叹息把往事回顾:
一片树林里分出两条路，
而我选了人迹更少的一条，
从此决定了我一生的道路。

第三节 祛魅

真正的变强，是对这个世界祛魅

这个世界是个巨大的草台班子。

大部分人水得离谱，所以你没必要总担心自己能力不够，或者担心工作胜任不了之类的。再厉害的人也是常常边干边学，再光鲜亮丽的行业，背后也是漏洞百出。大家都在虚张声势，只不过是非常默契的互不揭穿罢了。

——罗翔

2024年，“世界是个巨大的草台班子”这个话题特别火。

世界500强的招聘工作看似高大上，实则很可能是给客户擦屁股；一些高管看似日理万机，忙得脚不沾地，实际上可能忙得毫无意义；那些你内心崇拜得不得了的人，当你有机会接触，发现原来也不过如此；那些高格调的广告，是创意团队的呕心沥血之作吗？大多数是拉几个实习生七拼八凑交上去，老板一拍脑门，说就选这个吧。

我们上学的时候都是考试思维，总觉得做大事要足够优秀，充分准备才能争取到机会，但真正进入社会以后发现，再厉害的人也是边干边学，光鲜亮丽的背后经常是漏洞百出。我们刷朋友圈，看着别人晒旅游、晒美食、晒豪车、晒幸福……心里暗自忧伤："为什么别人的日子都是岁月静好，而我却把生活过成了一地鸡毛？"

你所看到的，只是别人想让你看到的而已。

你怎么也想象不到，这个世界根本不是严丝合缝的精密仪器，而是一台勉强能开的破车。

当你意识到这个事实的时候，你应该采取一种心态：祛魅！

把生命当作旷野，而不是轨道，尽情去享受。而祛魅，恰恰是一个人变强的征兆！

什么是祛魅呢？

"祛魅"这一概念最初是由德国社会学家马克斯·韦伯提出的，简单来说，就是不对任何人、任何事抱有幻想。这个幻想在心理学上指的就是你自己的理性化。而理性化别人的那一部分，通常是你自己缺失的那一部分。

比如，你去哪个地方办事，碰到一些权力比较大的领导，你只敢低头打招呼，从来不敢抬头直视，或者直接对话。再如，你学历低，每次一碰到学历高的人，就不自觉地自卑，觉得自己低人一等。又如，当你看到某些所谓的“大师”，被他们的光环晃晕。

我们越缺什么，就越对什么感到自卑，就越对拥有这类特质的人无限放大想象，无限放大魅力的光环，无限放大滤镜，甚至会把自己放在一个相对较低的位置，以仰视对方。

“祛魅”中的“祛”就是“去除”，那些人根本就没那么厉害，没那么高大上。祛魅是一种自信的表现，也是一个人变强的开始。

1.对强者祛魅

大多时候，我们都是慕强的，也就是崇拜强者。

在所谓的“大佬”面前，自己变得唯唯诺诺；看见别人混得好、事业更成功就觉得自己低人一等。心理学上有个“自证预言”：你相信什么，就会真的来什么。所以，当你认为自己比别人差，你就会不自觉地暗示自己，最后真的比别人差。

反过来，如果你认为自己优秀，那你也会不自觉地暗示自己，最后你真的比别人优秀。因此，这个世界上最愚蠢的事情就是：用他人的成就矮化自己。

你所羡慕的那些强者、大佬，他们也许经不住“推敲”。我们需要学会用平视的角度跟他们对话，不然，你的能量就无法最大限度地释放出来。

你需要向强者学习，向优秀的榜样学习，但要时刻记住：他们能，你也能！你要做的是成为他们，并超越他们，而不是否定自己。

2.对关系祛魅

我的一个项目顾问，是个退休老干部。有一次，我去拜访他，聊天的时候，他说："所谓的人脉，无非就是价值交换。"他告诉我，当你停止用酒杯浇筑人脉，转而用实力修建护城河，世界就会对你很温柔。

所有的关系，本质上都建立在自身价值上。就算你认识再多人，如果你自身价值不够，这些资源或者关系也是无法给你创造太大价值的。

当你意识到这点时，你就应该学会断舍离：

（1）定期删除长时间不互动的微信好友；

（2）拒绝三次无实质性产出的饭局；

（3）记录每次社交后的能量变化值。

把时间腾出来，用来提升自己的实力。你需要明白：当你对关系祛魅时，你便拥有了独闯江湖的自由；当你有足够吸引力时，你就能成为别人的"大腿"，他们就会朝你奔赴过来。

3.对认可祛魅

我曾经的一个学员，她是公司的高管。当我们聊到"他们都说你很成功"的时候，她突然泪崩，跟我说："老师，我活得好累！这么多年，我一直不敢停下来，都快忘了自己想要什么了。"她甚至告诉我，如果听到别人质疑她，对她不认可，她会在晚上一个人的时候沮丧很久，不能释怀。

你知道吗？活在他人的评价体系里的人，本质上是情感乞丐。当你努力向别人证明你自己的时候，你就已经输得彻底。你一定会陷入自我内耗的死循环当中，你越在意别人，就越容易毁了自己。你可以接受外界的声音，但一定不要被别人影响。

我还想问问你：你到底在向谁证明你自己？

3年后还有谁记得今天的赞美或嘲讽？被误解是表达者的宿命，被忽视是奋斗者的勋章。没人可以否定你，除非经过你的同意！

4.对痛苦祛魅

苦难不值得歌颂，但扛过去的智慧值得传承。

是的，痛苦本身没有意义，对痛苦的思考才是突围武器。你需要学会将痛苦转化为自己的力量。

当你在情感上遭受创伤，哭得死去活来时，你需要采取祛魅行动：给过去的自己写绝交信，告诉自己旧的不去，新的不来，下一个会更好。

当你在事业上遭遇惨败，想要放弃时，你需要采取祛魅行动：想想5年后，你站在舞台上，轻描淡写地讲述这段故事的情景。

当你的人生处于迷茫状态，不知道接下来该做什么时，你需要采取祛魅行动：3个月内，做什么都行，只要动起来。

我们人生中遭受的痛苦，不是什么污点，而是未被我们破译的能量代码。你再回想一下：你身上值钱的能力，是不是都是你熬过痛苦的时光后给你的礼物？

5.对控制感祛魅

失控，本就是世界的呼吸节奏。

很多时候，我们总希望任何事情都朝着自己期望的方向发展，却往往事与愿违。一旦失控，我们的心态也失控了；心态一失控，事情的发展方向就更加偏离我们的预期，就像一个死循环。我在敲打这段文字的时候，耳边回响着游本昌老师爽朗的笑声，他饰演的济公无比洒脱，深深触动了我。

我们要允许任何事情发生，放下过去，放过自己。做好我们能做好的事情，时间会给我们答案。

毕竟，握在手中的沙，你攥得越紧，它漏得反而越快。真正的掌控，是敢于在风暴中松开舵盘，让命运展现它本来的面目！

当你对强者祛魅时，你便获得了平视众生的底气；

当你对关系祛魅时，你便拥有了独步江湖的自由；

当你对认可祛魅时，你便解锁了高配版的自己；

当你对痛苦祛魅时，你便激活了凤凰涅槃的能量；

当你对控制感祛魅时，你便认识到了天地运行的道法。

当你意识到自己过去恐惧的挑战不过是草台班子的虚张声势时——恭喜，你的祛魅系统已全面启动。此时你眼中的世界，不再是布满神话的滤镜舞台，而是等待被破解的开放沙盒。

真正的强大，是你开始承认世界和你一样漏洞百出，却也可爱、生机勃勃！

第四节 聚焦

醒醒吧，最重要的事只有一件

若同时追两只兔子，那么你一只都抓不到。

——俄罗斯谚语

巴菲特一生坚持“只打20个孔”原则，只押注极少数公司；微信早期凭借免费短信功能吸引用户，拒绝所有锦上添花的功能；乔布斯回归苹果公司后，砍掉了70%的产品线，重点开发4款产品，使苹果成为全球最高市值公司。

在信息爆炸、节奏飞快的时代，我们的时间似乎也被切割成了碎片。每天都很忙，可是不知道究竟在忙什么；感觉每件事情都很重要，最后每件事情都没做好；同时处理几件事，最后每件事都有遗憾。你要清楚：你的注意力十分宝贵，它在哪里，你的生产力就在哪里。

其实很多事情根本没那么重要，甚至可以不做。

如果你想高效地拿到想要的结果，醒醒吧，重新梳理自己，最重要的事情只有一件。

如何聚焦自己，做好最重要的那件事？

1.学会说“不”

很多人有心魔，不会拒绝，也不懂拒绝。有的人害怕错过机会；有的人有道德枷锁，担心拒绝别人会显得不近人情；有的人是自我欺骗，“说不定顺手就完成了”。

可是，你知道吗？你每一句脱口而出的“好的”，都在出卖你的未来。

你要明白，能伤害你的不是别人的请求，而是你不敢拒绝的软弱。你还想在所谓的“好人缘”中，内耗到什么时候？当你不清楚最重要的事情是什么的时候，你就容易习惯性妥协，导致人生进入降级模式。

当你开始说“不”的时候，世界才会认真听你说“是”。

2.找到“最重要的事”

一个人没有目的地的时候，去哪儿都是流浪。只有清晰地知道自己要去哪儿，才能忍受当下的种种。想找到最重要的那件事，需要你有清晰的目标。

你可以运用倒推法来设定目标，如下图所示。

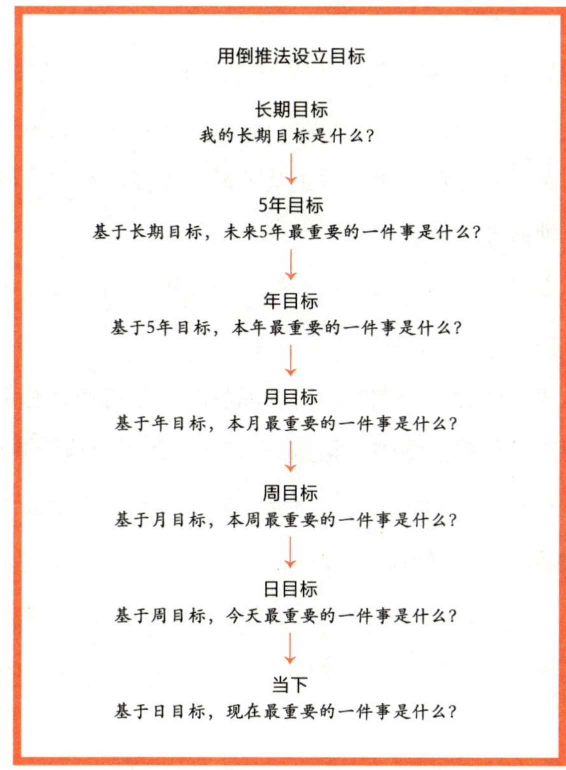

你需要从未来的视角看清楚自己到底想要什么。基于你的长期目标、5年目标、年目标、月目标、周目标、日目标，反推出当下最重要的一件事是什么。如果你现在做的事情偏离了最重要的那件事，那请抓紧时间回归“正道”，其他任何事情都要让道。

人生最大的奇迹，就是把所有子弹都打向一个靶心。当你找到最重要的那件事后，就朝那个方向，一直做到底。

3.单点爆破

老干妈创始人陶华碧之所以能把辣椒酱做到每年50亿以上的营收，就是因为坚守一个策略：单点爆破。老干妈不仅把辣椒品种研究到分子级别，还建立了全球最大的发酵基地，衍生出物流、原料种植等产业链。

单点爆破，就是把霰弹枪升级为狙击枪。当你锁定靶心，剩下的就是扣动扳机，射中靶心。

我原来在孵化一个减肥产品的品牌时，坚持用含有中医药成分的外用产品做单品爆破，整整2年时间，都没有执行其他策略，也没有发布新品。为什么？单点爆破的逻辑是，你要成为细分赛道里的代名词，占据用户的心智。

保持专注，聚焦在一厘米的宽度，打出一千米的深度。这是逆袭的唯一途径。聚焦，是极其宝贵的能力。谨记最重要的事情只有一件！

最后送给你一句奥格·曼狄诺的话：一次只做一件事的人，才会领先于这个世界。

第五节　付费
让你少走10年弯路的顶级意识

先问自己一个问题：你习惯付费吗？

生活中有许多人爱占便宜，喜欢免费的东西，不愿意为他人的服务、工作、产品付费。这是一种非常典型的穷人思维。高手不一样，他们喜欢付费，愿意为别人付费，花钱买时间、买人脉、买效率、买梦想。你可以试着反过来想：如果你是个贵人，你是选择喜欢爱占便宜的人，还是选择习惯付费的人？

免费的，才是最贵的。我举个例子。一个创业者为了省下4980元的课程费，花了3个月自学私域运营，结果团队执行的时候漏洞百出；而他的竞争对手直接付费加入行业大咖的陪跑营，用现成的方案跑流程，抢走了市场先机。两个人的差距看似是钱，实则是付费意识。是否愿意用金钱买时间、人脉、认知，是高手和普通人最大的分水岭。

付费意识，能让你少走10年弯路！你先把这个观点植入你的大脑，接下来我给你分析。

1.付费就是捡便宜

以前我有个“95后”学设计的学员，她跟我说：她之前喜欢用一切免费的资源：喜欢看不花钱的秀；经常熬通宵找免费教程学PS，结果她的设计稿总是被退回；由于用盗版软件，文件损坏，她气急之下把手机屏幕给摔碎了，维修花了1500元。我很慎重地告诉她：“如果你再这样，请你不要再出现在同学面前，容易产生负能量纠缠。”

我让她花199元买个设计师的模板库，这样能帮她省去很多时间。再后来，我让她主动给同学买咖啡，不断培养付费意识，之后没想到她居然意外拿到了订单。

但凡被标好价格，对你工作有大用处的，请一定要付费。因为付费就是捡便宜，把别人的智慧、认知、劳动成果直接借鉴过来，难道不香吗？以下几个方面的钱，你必须舍得花。

（1）效率钱：买工具（会员、素材库），买服务（财务代账、法律咨询）；

（2）认知钱：买书（只要看到就买），买课程（避开前人的坑）；

（3）试错钱：小成本项目（99元轻咨询），外包风险环节（客服外包）。

一个人最大的成本就是沉没成本。所有的免费资源，都在暗中标好了时间价格。这些年我发现，付了费都讲真话，不付费听到的都是客套话。

2.付费是人脉的杠杆

某地产老板曾向我抱怨：每年参加几十场饭局，微信加了几千人，到关键时刻，能用得上的人不到10个。后来他花18万加入了一个高端社群，3个月后就通过会员对接拿下了一个2亿的项目。

调研显示：付费社群会员之间的合作概率是免费社群会员的23倍；愿意为知识付费的人获得引荐的概率比不愿意为知识付费的人高47%。所有人都需要优质资源，而付费这个动作本身就是你的“社交货币”，因为钱是最大的筛选器。人脉不是说你认识多少人，而是有多少人愿意为你背书。

我有个很潇洒的朋友，他在广东做化妆品工厂。最开始工厂没什么订单，他就付费进入几个美业行业意见领袖的社群，这里面全是品牌方创始人。别人付2万，他付10万，所有人一直给他背书。一年下来，有好多大客户直接找他谈合作。现在他基本不用管理工厂，每天都去游山玩水，一年营收几十个亿。他最喜欢的事儿就是进入付费私董会。这就是付费带给他的复利。如果你也想快速突破圈层，我告诉你，付费，是最好的敲门砖，能敲开你想要的世界。

3.付费是最好的自我投资

很多人不舍得投资自己。买本书还要纠结半天，报个课程左右为难。我想这个世界上没有比付费找大咖学习更有效益的事情了。毕业后这十几年，我花了几百万投资自己的大脑。一边学习，一边实践；一边收钱，一边升级。

2015年，我进入教育行业，也是用付费敲开了大门。那时候我通过一场线下会议，报名了我的启蒙老师余歌的课程——现场第一个报了23800元的总裁班，后来花19.8万加入了老师的合伙人团队。这么多年来，产生了不低于100倍的回报。最重要的是缩短了我探索的时间，无形中创造的价值不可估量。

付费的速度越快，你的成长速度越快。这个世界的规律是：钱都流向了那些敢于在自己身上投资的人。你以为学习费用很高，那你试试无知的代价。

在写作这本书的过程中，我创办了“进阶学堂”，准备举办读书会；也设计了“五力”（演说力、成交力、领导力、故事力、时尚力）课程体系，邀请更多大咖来为我们的同学会创业者做自我投资的成长赋能。

你花钱的方式，定义了你未来的商业基因。人生最大的浪费不是花错钱，而是在关键的时间节点不敢花钱。付费本质上是用当下的可再生货币，去兑换未来不可再生的可能性。

把付费变成一种习惯吧！5年后的你，会微笑着感谢当下慷慨的自己！

第六节　蓄势

给自己储备能量的六件事

人遇到难事过不去，要么认知不足，要么能量不足，但归根结底，还是因为能量不足，所以，管理能量是更本质的人生课题。

能量就像燃料，只有当我们的能量充足时，我们才能够充分利用时间，达成目标。学会储备自己的能量，就成了我们在应对生活难题时最为关键的一步。就好像一辆车，没有电了就开不了，开不动，就需要充电。所有的爆发，都离不开前期的日积月累！

如何储备能量呢？我经常使用的这六种方法，分享给大家。

1.冥想

每天夜晚，当世界逐渐沉寂，我会坐在床边，闭上双眼，进入冥想的状态。冥想不仅是放松的仪式，更是对内心世界的一次清理与重塑。睡前冥想，依循一定步骤，让我在专注呼吸和内观的过程中，逐渐释放白天积累的压力和焦虑，仿佛内心深处的杂草被一点一点地清除。

冥想具有一种自我修复的力量，让我剥离那些无关紧要的噪声，找到内心的平静。每一次冥想，都像一场与自己的深度对话，揭示出潜藏在内心深处的真实感受和需求。这种平静不仅在夜晚陪伴我入睡，还让我在清晨醒来时充满能量。

每天15分钟，给你的大脑来次深度的SPA。

2.阅读

阅读，是我灵魂的避风港。在繁忙的日常生活中，我为自己制定了一个月看10本书的阅读目标。对于经典著作，我会细细品味，慢慢咀嚼其中的智慧和深意；而对于畅销书，我会快速浏览目录，挑选出精华部分，汲取其中的养分。阅读为我开辟了一个与自己灵魂对话的宁静空间，让我在书页间找到与自我深度联结的感觉。

每本书都是一个独特的世界，看书就是给自己一个与作者心灵碰撞的机会。无论是经典著作还是畅销书，每一本书都让我在阅读中产生一种难得的孤独感，这种孤独感让我更接近自己的内心，进而发现自己真正想要的，并在孤独中获得成长和启示。

你所阅读的每一本书，等于往你的认知账号存下定期存款，有一天会连本带息地翻倍带给你惊喜。

3.与高人交流

我们总会有阶段性迷茫的时候，每当陷入困惑时，最好的方式就是找高人交流。

就像雷军在创立小米之前，每周至少约见3位各领域顶尖人物。与他们深谈手机工艺，请教组织建设，这些对话最终融成小米生态的基因。

在创业生涯中，我们需要结识给自己指点迷津的高人。

高人的解读，往往充满了深刻的洞见和独特的视角。有一次，我向京东副总裁周大哥请教，问他如何在一个新的城市快速立足。他告诉我："保持对这个城市的好奇心和热情。"他还说："在创业的路上，尽管前方没有灯，但一定有路。"这句话深深触动了我，教会我无论遇到什么挑战，只有保持热情和好奇心，才能持续前行。

与高人交流后，眼前的困惑烟消云散。如果有机会，我们一定要主动创造与高人联结的机会，要像海绵吸水般贪婪地汲取知识。

4.运动

篮球是我的热爱，每当我踏上球场，手握篮球，所有的压力和烦恼都烟消云散。当你在运动的时候，你可以暂时放下手头所有的事情，只感受运动中的每一次奔跑、跳跃和投篮，这些都是对身体和心灵的释放。打篮球的过程不仅能激发多巴胺和内啡肽的分泌，让心情愉悦，还让我在进球的瞬间，产生无与伦比的成就感和满足感。当你满身是汗，身体进入完全放松的状态，肉体状态突破某个临界值，精神往往能进入一种奇特的状态。就像村上春树提到《挪威的森林》里有很多经典段落就诞生于跑步的汗水中。

生命在于运动。我们经常因为工作太忙而找借口不运动。人越不运动，身体机能就越懈怠。在你30岁之后，你会有很深的体会。帅了一辈子的胡兵在国际时装周上的风貌飒到连男人看了都兴奋，50多岁还能保持这么好的状态，离不开平时健身自律。

身体是灵魂的圣殿，运动是每日的虔诚洒扫。创业的路上，比的不是能力，而是体力！

5.与大自然联结

只要不出差，我就经常带着儿子到我们旁边的健康山海步道。儿子最喜欢在我们经过仙岳山树林的时候抓一些小昆虫，探索世界奥秘，然后问十万个为什么。我喜欢开车漫无目的地沿着环岛路兜风，这会让我感受到一种纯粹的宁静和满足。大自然中的每一个景象，都是那种无条件的、天然的美好，接触大自然能让我在纷繁复杂的世界中找到一片心灵的净土。

春天里盛开的三角梅，告诉你什么是生命的希望；夏天郁郁葱葱的树木，给我们生命无限的张力；秋天里每一片落下的树叶，都在告诉我们要学会放下；冬天里，那些躲起来冬眠的小动物，都在积蓄来年爆发的生命力。无论是看着海浪拍打岸边，还是感受微风拂面，这些瞬间都让我感受到生命的美好和无尽的可能。

所以，大自然就是我们最好的老师——山川不语，教会我们沉稳；江河奔流，教会我们从容。当我们在世俗世界中经历体验一番后，再回到大自然，或许就能找到我们想要的答案。

6.抄经

抄经是一种心灵的修行。在抄写经文的过程中，我能够摒弃所有杂念，专注于每一个字的书写。抄经不仅能给内心带来一种安静的力量，还一次对内心的净化和升华。

抄经的过程，就像一种心灵的冥想，在字里行间，会感受到生命的智慧和力量。这种宁静让我心定，进而找到属于自己的那份平和。

不管是《心经》《道德经》还是《金刚经》，经书的墨香中，藏着跨越千年的智慧密码。心静下来，智慧就出来了。

我们总想快速拿到结果，也想赶快挣到钱。其实人生有很长的一段路，需要我们学会储备能量，待时而动！弱者急于证明自己，而强者忙着储备自己。

此刻，请你放下书，放下手机，走到窗前深呼吸三次。这个简单的动作，正是你启动能量储备系统的第一个信号——毕竟，改变世界的心力，从来都诞生于寂静处跃动的心跳。

第七节　进阶修炼

改变，是你给自己的奖赏

我们都被教导，要努力，要坚持，要拼搏。可你有没有发现，真正实现蜕变的人，不是“更努力”的人，而是“更敢于改变”的人？

改变，不是多跑一公里，而是换一条赛道。

就像你玩一个老地图的游戏，刷了一年，却连个蓝装都捡不到。为什么？因为地图本身已经不给你掉落好装备了。你要换图，你要跳维度，你要推翻旧系统，重新建构你的人生算法。

但多数人最怕的就是“变”。怕离开熟悉的圈子，怕失控，怕被看笑话，怕失败得彻底。于是，一边喊着要进阶，一边死守着旧地图，不断重复旧的人设、旧的脚本、旧的思维。

我们一起来一次彻底的深层重启吧!

曾经有个学员问我:“老师,我怎么老是在关键时刻掉链子?我明明已经准备得很好了。”

我问她:“你小时候有过哪一次太想做好,反而搞砸了的经历?”

她沉默了5秒,然后哭了。

我们不是因为现在的失败而难过,我们是因为现在的失败而让我们又一次体验到了童年的那次崩塌。那一刻,你不是怕搞砸了,你是怕又一次被证明你“不够好”。

潜意识是一座深海,藏着我们以为早已愈合的伤痕。它影响着我们90%以上的行为模式。但你要相信,意识是最强的解码器。

当你愿意停下来,哪怕只有一分钟,看见自己是怎么反应的,问自己一句:“我真的愿意一直像这样活着吗?”你潜意识里的行为模式的枷锁就开始松动了。我们不缺知识,我们缺的是修复和自己的关系。

你有没有问过自己:我到底是谁?我活在这个世界上,是为了实现什么?你每天都在做计划、设目标、列清单,却从未真正静下来,问过内心一个更本质的问题:“我每天忙碌,是因为我愿意,还是因为我必须?”这之间的差别,就是你有没有启动“觉醒程序”。

很多人到了一定年纪会说:“唉,我现在也不求多好了,就图个安稳。”听起来想法很成熟,但其实潜意识是在对你说:“别折腾了，再失败一次就真的没法原谅自己了。”所以，你躲在稳定里，假装自己已经“想开了”，其实心里明白得很：你没放弃，是你根本不敢再尝试。

真正的改变，不是从“找到热爱”开始，而是从不再演绎旧的剧本开始。

你知道吗？所有你无法前进的原因，归根结底，都不是“你不行”，而是你还在等别人给你“批准”，才去做真正的自己。

你可能在等：

伴侣的支持，才敢全力投入；

家人的理解，才敢重新选择；

世界的掌声，才敢大胆走出去。

但你忘了，改变的钥匙，从来不来自别人的批准，而是源于你自己的授权。

你有没有发现你羡慕的那个人，他不是最聪明的，不是最有资源的，甚至不是最擅长表达的。但他有一个你没有的东西：他给自己发了许可证。他告诉自己：“我可以。”于是，全世界就开始相信他“可以”。

我想邀请你，从现在起，放下你正在追赶的所有事物和所有“必须完成”的任务，先问自己两个问题。

第一，如果从明天起，我不需要向任何人交代，我最想用什么方式生活？

第二，如果从现在起，我可以对自己的未来有百分之百决定权，我愿意先迈出哪一步？

请不要匆忙写出答案，先闭眼30秒，感受那个你心底被埋藏很久的“我想改变”的声音。它不吵、不嚷，甚至有些微弱，但它一直都在。你今天愿意听见它，它就愿意陪你重启人生的地图。

这就是改变的起点。

改变不是从掌握一个新技能开始，也不是换一份工作、跳一次槽那么简单，是你从今天起，决定用新的身份站在世界面前。我是一个正在改变的人，我开始和过去的自己断舍离：和那个总想取悦别人的自己告别；和那个总在关键时刻缺乏自信的自己告别；和那个总在情绪里兜圈子的自己告别。

我开始建立一个新的自我系统，不是为了变成谁，而是为了回到我本该成为的样子。

也许你曾经说过无数次“我要改变”，但今天，我邀请你不要“说”，而是写。写下一句话，送给今天的你自己：

“我愿意从今天起，不再反复证明旧的自己，而是坚定走向我理想的版本。”

再写下一个可见的“第一步”：

“我决定做的事情的第一步是：______________。”

它不需要轰轰烈烈。也许只是一个小小的告别、一次主动的拒绝、一次不再妥协的选择，但它会启动你一整套人生的更新系统。别怕改变，亲爱的。怕的不是变了之后的失败，怕的是明知道该变，却永远躲在安全区，把自己耗尽在“稳定”中。

这个世界上没有哪个版本的你是被安排好的。你怎么决定，它就怎么展开。

改变，不是你对自己发起的挑战，而是你给予自己的奖赏。你值得拥有那个升级后的世界。你值得拥有新剧本、新地图、新命运。

别让世界一直等你上线。现在，请轻声说一句：“我已经开始改变。”

这句话，不用发朋友圈，不用告诉谁，你只需要对自己说。你说出来的这一刻，你就已经不是原来的你了。

第五章

成事篇

我知道，你也在路上，努力把一件件事做成。

但我想悄悄告诉你，能成事从来不是因为一时的爆发，而是因为经历了深刻的自我锤炼。

你对标的高度，会悄悄提升你的人生格局；你心中的引力，决定你能吸引谁同行；你组织的秩序，是你稳步前行的根基；你愿不愿意接纳反馈，是你能否快速进化的分水岭；你每天坚持的那些小事，终将在时间里，酿成命运的复利。

别急，别慌。

一切努力，时间都看得见。

愿你带着清醒的热爱，坚定地走在成事的路上。

第一节　对标

从模仿到超越的个人进阶之路

在创业之初，很多人都会经历一种迷茫，像是在黑夜中摸索，不知道该向哪里努力。这时候，你如果能找到一个值得学习对标的榜样，榜样就会像一束光，照亮前进的路。

所有的成功都是有迹可循的，关键在于找到正确的参照系。对标的本质是：找到榜样的轨迹，进而找到属于自己的进阶路径。毕竟所有的高手，曾经都是学徒。

进阶成为高手的路径是：从对标开始，最终实现超越。接下来，笔者分析从对标到超越的四个步骤。

第一步：定标，找到你的“标杆”

对标的第一步是找到合适的“标杆”。很多人失败的原因，不是不努力，而是选错了对标对象。定标的核心原则如下：

相关性：你的标杆必须和你的目标高度相关。比如，你想成为顶尖销售，就不能对标程序员。

借鉴性：标杆的成功经验必须具有可复制性，而不是靠运气或不可复制资源。

阶段性：不同阶段对标不同对象。新手对标行业前10%，高手对标世界大师。

对标的前提是知道自己要什么。比如，你想提升演说能力，你可以对标TED演讲者；你想提升商业思维，你可以对标马斯克；你想成为行业专家，你就对标该领域的权威人士。

在筛选对标对象时，你可以选择行业标杆，更重要的是找到身边高手，就是比你优秀但是差距不算太大的人，这样更容易模仿。

当然，对标不是照搬，而是拆解其核心能力。比如学习演讲，你要研究的是演讲高手的言语节奏、肢体动作、故事框架等；对于商业领袖，要分析其成功要素、决策逻辑、资源整合方式等；对于运动员，要研究他的训练方式、心理调节技巧等。

第二步：模仿，从“形似”到“神似”

对标的核心是模仿，但模仿不是机械复制，而是理解背后的逻辑。

我相信很多人对模仿这个概念并不陌生，但是有些人会进入误区：只学表面，不学本质。比如，在IT圈模仿乔布斯的黑色高领衫，却不学他的产品思维。有些人盲目照搬，不考虑自身条件。比如，学习的对象凌晨4点起床，但你的生活作息与之差别很大，强行模仿只会适得其反。

在模仿的过程中，我们初期先做到“形似”，看起来像。我早期学习演讲的时候，就模仿我老师的手势动作、语音语调，录下语音后写成逐字稿，就连他的笑容，我也尝试着模仿。

当我们模仿到一定程度之后，就要思考为什么这么做，也就是要理解对标对象的底层逻辑，因为为什么做比怎么做更重要。

比如，巴菲特长期持有股票，他价值投资的核心是“护城河”理论。只有当你思考为什么这么做的时候，你才进入以自己为核心载体的逻辑，这个时候你就会考虑自身的特点。

然后，根据自身的特点随时调整和优化。就像雷军早期对标苹果的商业模式，但结合中国的市场实际情况，打造了小米的“性价比”策略，进而形成整个生态。

所有伟大的原创，起初都源于完美的复制。

第三步：超越，从“追随者”到“创新者”

所有模仿，最终都是为了有一天能超越——青出于蓝而胜于蓝。当你已经在模仿中做到“神似”，那你要思考的就是差异化，打造自己的独特优势。

我曾经拜访过很多亿万富翁，请教他们成功背后的底层逻辑。

我发现他们都有一个共性：杂交思想。

什么意思？就是都会提取别人成功的基因，然后结合自己的基因重新组合，这样就形成了自己破局的实操方法论。从最开始的“照猫画虎”，到“改头换面”，再到“基因重组”，最终完成属于自己的进化逻辑，构建自己的护城河。

国内新能源车的创新发展就是一个很好的例子。过去的车企是燃油车的追随者，而今天则是弯道超车的创新者。

每一个创业者都要明白，对标不是目的，超越才是。对标不是为了成为别人的复制品，而是为了找到自己发展的坐标轴。当你在模仿中埋下超越的种子，那么终将长出他人仰望的参天大树。

第四步：跃迁，从“优秀”到“顶尖”

真正的顶尖高手，不是比标杆强一点，而是实行“非线性的成长”，即跃迁。

跃迁的核心是，你要突破原来的思维框架，从“战术勤奋”到“战略勤奋”；你要学会使用资源杠杆，如资本、人脉、技术来放大努力的效果；单点突破不是重点，重点是构建增长飞轮。

如果有一天你发现你已经比很多人优秀了，这个时候你谨记：优秀是最大的拦路虎。当你认为自己优秀了，你的节奏可能就慢了。你需要往顶尖的路上前行，虽然优秀的人很多，但通往卓越的路上并不拥挤，你只需要超越你自己就可以了。

当你变成优秀的人的时候，你很容易碰到其他优秀的人，你需要明白选择比努力更加重要。你的时间比金钱更宝贵，所有你发力的赛道，一定是高价值的赛道。比如，10年前做电商，5年前做短视频，现在做AI。

能够让你一直处于增长状态的事，一定是打造个人IP。

所有的传奇都始于对前辈的仰望，成于对自我的超越。阿兰·约翰逊是刘翔的偶像，在不懈努力下，阿兰·约翰逊创下的纪录最终被刘翔12.87秒的新纪录所取代。对标最动人的时刻，就是你也成了别人的标杆。

所以，真正的成长从不是闭门造车，而是学会“对标”，然后再实现“超越”。我们要学会站在巨人的肩膀上，看清方向，少走弯路，所以，模仿是我们的必经之路，但真正的价值在于理解背后的逻辑。

终有一天，会有一条线把你脑袋中储备的星星点点神奇地连接起来，形成一张巨大的网。那就是你驰骋于这个世界，戴着最美的勋章。

第二节 贵人

你被谁支持，比你本身是谁更重要

观察所有取得非凡成就的人，你会发现一个共同点：他们背后都有“贵人”支持。

贵人不是天上掉下来的，而是一种可以经营的关系。

你被谁支持，往往比你本身是谁更重要。因为贵人能给你资源、机会、视野，在你迷茫的时候拉你一把，甚至得贵人相助，人生就开挂了，能少走10年弯路。

但是贵人不会凭空出现，需要你先让自己“值得被帮”，再学会有效“联结”，然后你要成为自己的贵人，最终你还要成为别人的贵人。接下来，笔者跟大家拆解“贵人思维”，让你掌握“被贵人支持”的核心方法。

第一层：为什么你需要贵人

在课堂上，我经常做一个调查：现场超过25岁的请举手。

基本上都举手了。我问他们，你们认为能力重要不重要？他们都说重要。我继续问，到了我们这个年纪，有没有什么是比能力更重要的？他们会告诉我很多答案，最后我给出一个答案：贵人！因为我回顾我的发展历程，好像每一个新的里程碑背后都是因为有我生命中的“贵人”给了我机会和助力，让我再上一个台阶。

所以，感谢我们生命中的贵人，因为他们让我们拥有无限可能。

贵人，能给你“关键一跃”的机会。我在创立品牌的时候，我结拜的三姐林秀华给了我几十万，在关键节点给予我帮助，给了我一个杠杆，让我的业绩实现指数级增长。

贵人能打破你的认知盲区。即使再聪明的人，也有思维局限。贵人能为你提供不一样的视角。在时尚策划方面，阿收老师给了我很多灵感，创新性地将时尚和营销结合在一起，让我在企业赋能上做了很多标准的提升。

贵人，能加速你的成长曲线。有导师指导的人，职业发展速度比同龄人快2~3倍。因为贵人能让你少走弯路，直接走已经被验证的路径。我成长速度最快那个时间段就是跟余歌老师学习的时候，他身上有巨大的魔力，能让每个靠近他的人都感受到温暖。我有段时间给老师当免费“司机”，就是为了能在老师旁边多学习。“认真做事，温暖做人。”这么多年来，我把老师的精神传承下来。

我希望能给更多创业者点亮“心灯”，让世界听见他们的声音！

第二层：如何让贵人愿意支持你

贵人不是靠“求”来的，而是靠“吸引”来的！你需要成为一个“值得被帮”的人。

1.让自己具备“可帮性”

贵人帮人，不是做慈善，而是投资“潜力股”。你要向贵人展示你的成长性，让贵人看到你的进步速度。比如，定期汇报学习成果；要有感恩的心态，每次得到帮助后，反馈具体结果。比如，你上次的建议让我解决了什么问题。不吃白食，要力所能及地提供价值，你可以帮忙整理资料、介绍资源、送节日礼物。

2.主动联结，但不过度索取

有些人一联结到贵人，就开始求推荐、求机会，这无异于自毁贵人支持之路。当你有机会联结到贵人，你一定要学会反向提供价值。比如，分享一些对对方有用的行业洞察或资源。可以用学习的态度建立联结：能否请教您一个某领域的问题？只需要5分钟。要保持长期关系：节日的时候发个个性化祝福，定期汇报因为贵人的点拨而取得的收获，并将智慧运用在哪些场景，最后用相关图片或者视频来展示成果。

3.成为贵人的“优质作品”

贵人最愿意帮的，是那些能证明他眼光好的人。

张一鸣早期的投资人曾说，投资张一鸣是因为他每次都能超额完成承诺。

我有个好朋友许晋杭，是畅销书作者，还是人大代表、政协委员。他曾经告诉我，他生命中的贵人之一就是劲霸男装创始人洪总，就是因为他总是按照贵人的要求，以120分的标准做事，所以才能紧紧抓住贵人给的机会。

他更厉害的是，每次成功之后都会公开致谢，经常在自己的课程上录视频感谢贵人，这让他的学生更加了解他的贵人。这样一来，贵人肯定想一直帮助你。

第三层：如何成为自己的贵人

外界的贵人可遇不可求，但是你可以培养“自我贵人体质”。什么意思？就是没有外部支持，你也能自我赋能。

首先，你要把自己定位为人生的“投资人”。就像我一样，我每年会拿出收入的10%投资自己：报课程学习或者加入优质的圈子，或者在健康领域投入。

其次，建立“自我支持系统”。你可以通过经典书籍与古今中外大师“神交”，汲取营养，让大师成为你的“隐形贵人”；你可以选择进入优质社群，让你身边的环境潜移默化地影响你，进而学习知识，提高认知水平，让社群成为你的“环境贵人”；你也可以设计一些仪式感，让你的能量始终保持在高水平状态，比如，让冥想、运动作为你的“健康贵人”。

最重要的是，你要培养你的“贵人思维”，就是运用我们在第一章所讲的上帝视角，在更长的时间轴上，让失败变成“反向贵人”，让批评变成你的“成长贵人”。就像罗永浩一样，让债主变成他的监督人，2年还清所有外债。

成为自己的贵人，是这辈子稳赚不赔的投资。

第四层：和你的贵人互为贵人

真正持久的关系，是彼此成就。当你能为你的贵人提供价值的时候，关系就会进入良性循环。

2018年，我第一个年顾问案200万的客户陈总，因为我们的服务超出预期，于是给我们团队涨价，真金白银打款200万。是他让我对我们团队的价值有了进一步认识，他是我人生的贵人之一。后来，只要有相关的资源，我都向陈总那边推荐，应该达成了至少上千万的合作。当他有需要，我任何时间都会尽全力为他付出，无关金钱，只因曾经的赏识和认可。

因为我接触信息的渠道比较多，他开玩笑说我成了他的信息收集“枢纽站”。是的，你最好也能成为你贵人的信息“枢纽站”，为你的贵人提供行业前沿的信息。

如果你擅长某个领域，你也可以用你的专业去反哺，成为你贵人的“外挂大脑”，这样你们的联动性就会越来越强。如果有一些不以营利为目的的利益关联，这样你们就有更多的时间共享信息，成为“联盟体”。

我想最重要的是去传承你贵人的精神。你得到过别人的帮助，那你就去帮助别人，成为别人的贵人。当我们创业到一定阶段时，你也可以每年主动帮助一两个有潜力的年轻人，把你贵人的精神传承下去，这是很有意义的事情。

有贵人相助是一种能力，不是运气。贵人可遇不可求——遇，是缘分；求，是本事。

先让自己成为“值得帮”的人，再学会“有效联结贵人”，最终你会发现，你也成了别人的贵人。

人生的真相是：你不可能独自伟大。但好消息是，当你掌握贵人思维时，整个世界都愿意来帮你。请用心修炼，昨日他渡你，今后你渡人。

第三节 引力

如何成为一个让人喜欢的人

你有没有发现，有些人一出现就能让周围的人感到舒适，甚至想要主动靠近？而且好像他们所说的话总容易让你信服，进而希望跟他们合作。

这种能力不是天生的“魅力”，是经过后天修炼、让人喜欢的“引力”。

你想象一下，如果你自己能成为这样一个让人喜欢的人，不管你做任何事情，是不是你获得支持的概率会更大，别人希望你成功的可能性更大，进而你成事的概率比一般人要高？

当然，人际关系的本质不是技巧的堆砌，而是能量的流动。真正的高手都明白：有多少人喜欢你，你就能影响多少人。而成事的底层逻辑是：你能影响多少人，你就能干成多大的事业。

如何让人喜欢上你？笔者会用一个心法、三大法宝跟大家剖析。

1.一个心法

你先回想一下，在你的生活、工作场景中，如果有人对你有好感，你能不能察觉出来？我相信你的回答一定是：会！就像我们经常说“相见恨晚”“一见钟情”“酒逢知己千杯少”“确认过眼神，是对的人”等。在工作中，我们经常需要和陌生人打交道，如果碰见一个你很有感觉的人，你会发现你当天的发挥比较好，谈的事情很容易达成。

为什么会这样？因为我们更愿意在自己喜欢的人面前敞开心扉。

当我讲到这里的时候，你再留意一下：当一个人让你察觉到他/她对你有好感的时候，你也很容易对他/她有好感，进而产生喜欢。这也就难怪，有些女生总能在很短的时间内跟别的女生手挽手，像认识很久的闺密一样！

到此你就明了，这个让人见到你就喜欢上你的心法就是：

你想让别人喜欢你，你要先喜欢上别人！

也就是说，你要学会先表达你的喜欢。当然，我说的不是赞美、夸奖、有同理心之类的技巧，而是你发自内心地喜欢你生命当中出现的有缘人！

肯定有人会说：我做不到！对，也许以前你做不到，你习惯被照顾，你更喜欢别人主动，你习惯评估后再说。

我这里说的不是带有某种偏见的特定的喜欢，是你从心智上像一个可以保护别人，给人带来温暖的“大人”，而不是一个只会等待的“小孩”。

比如，你见识过创业者的不容易，你愿意把你最好的方法与他人分享。比如，你是一个独立自强，经历过思想启蒙的妈妈，你能体会每一个还未觉醒的妈妈的不容易。这里无关技巧，是你内心形成的惯性；你愿意像光一样，温暖别人。

2.三大法宝

如果上面的心法你还没领悟到要领，那你可以从三大法宝入手。

在了解三大法宝之前，笔者想先说说“三色”人生。

首先，扮演好自己的角色。在不同场景中，你有不同的角色要扮演。

其次，懂得察言观色。出门看天色，进门看脸色。

最后，明白自己生命的颜色。不忘来时的路，不忘领路的人。

当你是一只猫时，你要相信自己早晚会成为一只虎；当你成为一只虎时，你永远记得自己曾经是一只猫。得意之时不忘形，失意之时不变形。当别人对你好时，想想凭什么；当别人对你不好时，想想为什么。

以下这三大法宝可以帮你成为人人喜欢的人。

（1）存对心

别人喜欢你的原因，往往不是你说了什么，而是你的发心。

心念决定气场，气场决定吸引力。所以，在不同的场景需要存不同的心。

对公司你要存什么心？相信之心、感恩之心、热爱之心、敬畏之心。

对老师你要存什么心？感恩之心、包容之心、配合之心、承担之心。

对同事你要存什么心？欣赏之心、包容之心、帮助之心、配合之心。

对团队伙伴你要存什么心？爱心、耐心、关爱之心、因材施教之心。

当你的发心是对的时候，你会发现什么都是对的。

（2）说对话

语言是联结人心的桥梁，说对的话，能让对方感受到“被看见、被理解、被重视”。

所以，在不同的场景需要根据情况说让人喜欢的话。

对公司要说拥护的话，见人就说公司哪里哪里好。

对老师要说让老师放心的话，“放心吧老师，我全力以赴拿结果”；遇到问题的时候，保持良好态度，先解决问题，而不是一味抱怨。

对同事要说鼓励的话，“有什么需要我做吗？这件事交给我放心！”

对伙伴要说指引方向的话，讲正确的做法，讲行业的规律，讲如何解决问题的故事。

（3）做对事

喜欢始于好感，而信任一定源于行动。做对事的人不需要自我证明，因为别人自然会觉得他靠谱。所以面对不同的节点，你需要根据不同的角色、不同的情况，做不一样的事。

对公司，你要身体力行做好每件小事。避免公司创始人的话掉在地上，捍卫公司的价值观。

对老师，做好老师的左膀右臂，说老师不能说的话，做老师不方便做的事；说老师想说的话，做老师想做的事。

对同事，答应的事情要做到，看到问题要提醒，能帮助的时候及时伸出援手。

对伙伴，“盯教帮带”，我做你看，我说你听，你做我看，你说我听。

在这个注意力稀缺的时代，最大的竞争力不是让人眼前一亮，而是让人久处不厌。就像太阳不需要推销自己的温暖，当你真正成为一个“存对心，说对话，做对事”的人时，自然会有很多人向你靠近。

当你修行到内心更丰盛的时候，你也可以去照顾、喜欢、温暖更多的人。

当然，真正的受欢迎，不是让所有人都满意，而是用你的专业和温度，赢得那些“对的人”的尊重和掌声。

愿你既能独处修心，也能与人共舞。在成为高手的路上，让更多人喜欢你，从而影响更多的人！

第四节 组织

任何伟大的成就，都离不开优秀的团队

人类历史上所有划时代的成就，从阿波罗登月到互联网革命，从发现青霉素到商业帝国的崛起，背后都有一个共同的规律——伟大的事业，从来不是一个人的独奏，而是一群人的交响乐。

创业也一样。创业从来不是一个人的苦熬，而是一群人的浪漫。

团队，是个人能力的放大器；组织，是团队能力的稳定器。任何伟大的成就，都离不开一支优秀的团队。我经常在分享的时候说：一定要建立组织关系！组织的目的是让个体成为整体的一部分，做个体做不了的事！

我们综合所有人的判断形成组织的智慧，综合所有人的协同

形成组织的行动。人不是机器，有情感，有恐惧。强者需要通过组织行使意志，弱者需要通过组织获得安全。

人是社会动物，不是迫不得已，没有人想成为孤单的个体。大家都希望成为某个组织的一员，以安放自己的身心。

任何一个想做成事的创业者，都需要加入或打造一个“终身成长型组织”，让平凡人成就不平凡之事。

1.团队的本质：从“人堆”到“生命体”

只要做事，就一定离不了团队。不同团队之间真的有很大的差别，同样的创意，由不同团队执行，最终会有不一样的结果。

普通团队以任务为导向，成员是“工具人”，关系是“交易”关系，直白一点说，就是老板给钱，员工出力。

高手团队是一支终身成长型团队。以进化为目标，成员是“神经元”，关系是“共生”，彼此相互激励，相互成就。

毕业10年后，参加同学聚会，我发现加入不同公司、不同团队后，每个人的成长情况各不相同。在传统企业部门工作的人，每天重复相对固定的流程，3年后能力没有太大变化。而在发展变化相对快的互联网企业工作的人，你能感受到他对于很多当下受欢迎的话题都有自己独到的见解。而参与创业的同学，你能感受到他们前后巨大的变化，因为接触的信息和团队不一样，思维方式也不一样。

原本智商相差无几的一群人，毕业10年后为什么会相差那么大？本质上是由团队因素所决定的。我对刚毕业的大学生的建议是：找一个好团队比你工作赚多少钱重要得多，因为那是你刚开始建立工作习惯和思考模型的阶段，和什么样的人在一起至关重要。

团队能使个人的能力呈现“指数级的放大”。雷军的技术洞察×林斌的供应链能力×黎万强的营销创意，才造就了今天的小米商业生态。确实，没有完美的个人，只有完美的团队。

2.加入团队：找到一个终身成长型组织

当我们对未来有无限梦想时，最重要的是加入一个终身成长型组织。那怎么判断一支团队是不是终身成长型组织？

（1）有共同愿景：让团队成为“价值共同体”

选择一个团队，重要的是价值观一致。选择团队成员，就像选择朋友一样。正如黄埔军校的对联所说：“升官发财请往他处，贪生畏死勿入斯门。”一个团队能否走得长远，取决于是否有共同的价值观作为“黏合剂”。这并不是一种简单的“情怀”，而是一种战略性选择。

只有拥有相同价值观的人，才能在面对挑战时保持一致的信念和行动方向，否则，再优秀的能力也会因为信念的分歧而使团队走向瓦解。

2000多年前的古希腊哲学家亚里士多德说：“羽毛相同的鸟，自会聚在一起。”相同频率的人会相互识别、相互珍惜、相互成就。

（2）有学习熔炉：把错误变成“进化燃料”

看一支团队的未来，就看他们对待错误的看法。普通的团队害怕犯错，而成长型团队则相反，他们不怕犯错，会积极从团队案例中总结经验。

我从不相信创业的过程一帆风顺。所有的伟大事业，一定经历过至暗时刻，之后通过复盘，把中间经历的错误变成团队的进化燃料，助飞升空。

在团队中复盘尤其重要，一个团队成长的速度取决于他们在面对任何结果时复盘的速度以及提炼能力。

学习才是第一生产力。在这个变化如此之快的商业战场上，你指望通过原有的能力、原有的产品和原有的思路一路打胜仗，那是不可能的。

所有学习型团队都是“我不会，但我可以学”。

（3）有信任网络：从“同事”到“战友”

没有一个人能干好所有的事情，每个人都有自己的特点。只有当你把同事升级为战友，才能所向披靡。在高信任的环境中，人的多巴胺分泌会增加，创造力也会暴涨。当一个团队开始彼此猜疑时，那就开启了“死亡倒计时”。

公司里的透明化行动尤为重要，包括财务数据，消灭信息黑箱。

设计“抓手”事件是举全团队之力共同执行的事件。有了“抓手”事件，团队内部就有更多信息上的同频，对自身能力架构有基础判断。

一个人或许能赢得一场战斗，但只有团队才能赢得整场战争。

3.组建团队：创造奇迹的最大筹码

当你无论如何都要实现心中梦想的时候，你要开始组建属于你自己的团队，因为那是创造奇迹并做大的筹码。

（1）选人

创业者常犯的致命错误是按岗位说明招人，结果团队成了技能拼盘，毫无化学反应。顶级团队的组建逻辑则是70%看特质，30%看技能。因为技能可培养，而特质难改变。宁要A级人才的70分潜力，不要B级人才的90分战力。

选人非常重要，找的是化学反应，而不是技能清单。找对一个人，可能解决一半的问题；找错一个人，可能制造10个问题。

不同难度的任务对组织强度的挑战是不一样的，有的事只要有共同规则就行；有的事没有共同利益不行；有的事需要有共同的信仰才能坚持下来；还有些事情只有至情至性的人才会陪伴你一直走下去。

（2）搭班子

每个团队都需要核心班子，因为每个人擅长的点不一样，在创业过程中需要以下四种角色。

①开拓者：打破规则，创造可能性。

②执行者：把疯狂的想法变成可执行的步骤。

③黏合剂：凝聚团队士气，化解冲突。

④瞭望者：预见未来风险，避免致命错误。

在搭核心班子的时候，每一个团队的灵魂都需要明白团队需要不同属性的人才。每个人扮演的角色都不一样，发挥的力量在不同时间、不同节点各不相同。

我们有个引以为傲的核心班子：吴总是大哥，负责战略规划和魅力吸引，坚持长期主义；老周能打硬仗，面对困难死磕到底；老胡负责商业架构设计和资源对接，对商业的理解深刻独到；东哥出身于公务员家庭，应酬和后勤管理能力简直是教科书级别的；丁总负责黏合团队，用爱感召各路高手；史总，负责开疆拓土，用目标带领团队披荆斩棘；老范，负责体系搭建，用系统思维助力品牌业绩增长；我负责文化落地，担任军师的角色，为团队添砖加瓦。

我们会为了一件事情而拍桌子吵得不可开交，但是离开会议室一定是达成了共识，统一了思想。

顶级团队的特征：白天吵得面红耳赤，晚上喝得勾肩搭背！

（3）炼团队

所有团队在组建之初没有完美的，都需要用“火”来炼。

第一把火烧掉虚伪和谐。每个月开一次“批判与自我批判”闭门会。当然，这种会议需要共同达成统一，每个人必须指出一个团队问题，只对事不对人，更重要的是要带着解决方案。

第二把火点燃进化欲望。为每个人员设计“能力升级阶梯”，允许任何人有证明自己具备更高职级能力的机会。不允许躺在功劳簿上睡大觉。每个人永远有更高的目标和梦想来激发自己冲。

第三把火铸就共同会议。对关键“战役”进行复盘，我们做对了什么，我们哪些地方需要改善；设计极限挑战，每年至少完成一次“不可能”任务；定期制造一些感性的相聚时刻，说说心里话，吐吐“酒后真言”。

只有经历过淬炼，惺惺相惜的团队，才能在某些时刻产生超预期的“化学反应”。

普通人在普通的团队，是“用时间换金钱”；高手在成长型团队，是“用成长换未来”。

最好的团队，不是让你待得舒服的地方，而是让你每天醒来忍不住想：今天我能有什么成长？在这样的组织中，你的能力会不断提升，终有一天，你会发现你早已超越曾经认知的极限。

希望你能找到或者打造一支这样的团队，实现你的霸业宏图，成就更好的自己。

第五节 反馈

让人生走在正反馈的节奏里

在普通人眼里，成功是“努力→结果”的直线；在高手眼中，成功是“努力→反馈→迭代→更大结果”的飞轮。

设想一下，你做出一个决定，采取一项行动，周围有回应，有结果。这个回应不是冷冰冰的数据，而是让你感到“我在前进”，是一种实实在在的成就感，这就是正反馈。它不是一次性的，而是一路上源源不断的动力。每一次微小的反馈都在给我们打气，告诉我们“值得做下去”。

很多人喜欢说，人生靠“毅力”走下去。可我们冷静想一想：单靠毅力，真的走得远吗？要想勇往直前，我们需要在不断修正、调整的过程中，一路上得到的正反馈，给我们动力，这些反馈让我们知道“值得做”。

人生就像打游戏，反馈系统决定了你是卡关还是通关。没有反馈的努力就像蒙眼狂奔，觉得很卖力，其实大概率是在绕圈圈，而正反馈是你最重要的通关密码。

如何把正反馈变成推动我们快速前行的助力？

1.正反馈是大脑的“作弊器”

为什么说反馈是成长的养料？大脑会记录“行为和结果”的关联，当某个行为带给你积极反馈，如赞美和收益时，它就会分泌多巴胺，让你上瘾般地重复这个动作。我每年飞行上百次，有人开玩笑说，林老师，你不累吗？别有命挣钱没命花。

如果从体力上讲，确实有点辛苦，但你别说，我还真的很享受这个过程。你想想，每次你飞到一个城市，都有几十到几百，甚至上千的学员拿着鲜花等着你，你说你会不会兴奋？

就像拼多多设计的“砍价进度条”，每砍一刀就显示剩余人数，利用反馈机制刺激用户持续分享。健身教练的黄金法则是，让学员看到自己一周的体重变化，后续的坚持率会大大提升。

正反馈会告诉你什么应该多做，负反馈会告诉你什么应该停止。正反馈就像游戏里的金币奖励，负反馈就像游戏里的血条警告。

我有个得意的学生王老师，她是一个很有领导魅力的女性创业者。在我辅导他们团队的时候，她给我的正反馈总是最及时的。我经常开玩笑说，我的一些商业思考和团队打造理论，通过他们团队的实践，往往能在原有的基础上得到升华，变成更加具象化的实操发放。我陪她跟她的核心团队聚过餐，我发现他们团队和她的交情似乎超越了金钱关系，更多的是用心的托举。我最感动的事情是，她基本上每周都给我发文字型和视频型的正反馈，讲她带领团队不断打胜仗，实现一个又一个目标，让我知道他们团队因为我的出现，获得了巨大的成长，实现业绩的倍增。因为她的正反馈，我愿意把我的宝藏策略、达成路径、有效心法统统给他们。他们更厉害的是，把这些内容变成结果给我回馈。

所以，当你在强调“自律”“坚持”的时候，你最应该学会的是通过正反馈，直接绕过你的大脑意识思考，享受当下你应该多做的事情。

2.设计人生正反馈的四步法

（1）主动抓取：把世界变成你的“反馈雷达”

我家楼下包子铺的王阿姨，总在收银台上放三件东西：①笑脸贴纸箱（顾客投贴纸评价服务）；②口味评分表（1~5分勾选）；③空白便笺纸（写任何建议送免费豆浆）。

3年下来，她的包子铺变成了社区网红店，秘籍就一句话：“包子好不好，得让吃的人说。”

大多数人不敢朝自己开刀，坐等他人评价。其实真正的高手都像猎犬一样主动去嗅探反馈信号，抓取能帮自己进化升级的信息，收集赞美，询问别人对自己的评价，每天记录改善建议。

（2）细节拆解：从模糊评价到精准导航

有时候，我们收集正反馈是模棱两可的，比如说，你人挺好的，你的演讲很好，你的产品很不错……这些都属于相对无价值的正反馈，因为你不知道你好在哪儿。

最好的方式是细问好在哪儿？比如，你的演讲很好！具体拆解如下。

内容结构：开头用故事引发共鸣，还留有悬念。（+3分）

肢体语言：手部动作太多，步伐移动太频繁，影响注意力。（−2分）

语音语调：节奏感很好，抑扬顿挫，声音有磁性。（+2分）

互动设计：互动环节代入感强，观众参与度高。（+5分）

你看，这个反馈就很有价值，你知道你好的地方在哪里，同时你也知道你需要改善的地方在哪里。这就是在你收到模糊正反馈的时候，你需要再多问一个问题："方便再具体一点吗？因为你的反馈对我来说非常重要。"

（3）重复强化：让进步"肉眼可见"

先告诉你一个反常识：每天进步1%不重要，重要的是让你的大脑感知到进步。

回想一下，在你过往的经历中，你第一次看到自己健身一段时间后，身上出现肌肉线条时的惊喜；你第一笔副业收入到账时的雀跃；你第一个客户说"非你不可"时你的自豪，这些瞬间是不是像火柴一样，点燃了你内心的火焰？

我的朋友阿杰曾是个200斤的宅男，健身教练给他设计了一个“反馈风暴”：体脂率每下降1%，就在健身房荣誉墙贴一颗金星。深蹲重量破纪录，触发“战神音效”，播放《征服》歌曲。每周拍对比图拼成九宫格，发朋友圈。3个月后减掉40斤，型男一枚，秘诀就一句话：不是坚持太难，而是你让进步变得不可见。

罗振宇团队做过实验，在得到App上增加“进度条”“成就徽章”“学分排名”，完课率和用户自发分享率都大幅提升。有次分享会，他们的产品经理说：“成年人也需要小红花，这是刻在DNA里的渴望。”

我们也要学会给自己仪式感，每当我们取得进步的时候，记得给自己办“颁奖典礼”，因为你的进步需要让你的大脑看见。

（4）循环迭代：建成你的“迭代流水线”

作家汪曾祺的手稿总是密密麻麻布满修改符号。他有个怪癖：初稿用蓝墨水写，二改用红笔勾画，三改贴便笺纸。

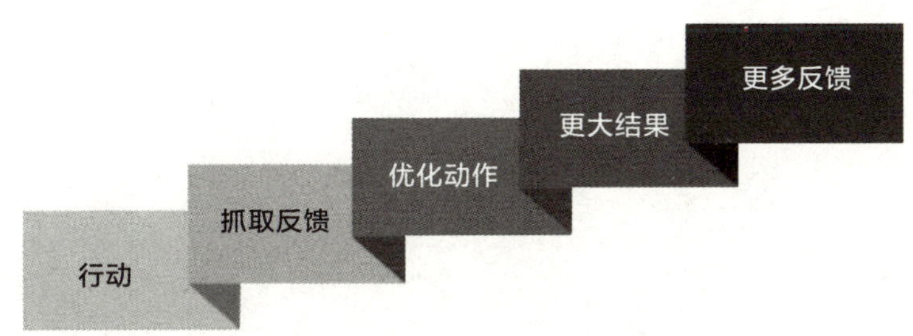

每改一遍就朗读给妻子听，根据她皱眉头的次数调整文风。定稿后把废稿塞进玻璃罐，命名为“写作肥料库”。所以，个人

成长最好的路径就是：行动→抓取反馈→优化动作→更大结果→更多反馈。

顶级反馈系统的精髓，不在于一次完美，而在于无限接近完美的循环。人与人的差距，就是对待反馈的态度拉开的。

反馈从来不是终点，而是进化的起点。普通人也许会把反馈当作考试分数，纠结高低；而高手把反馈当作导航信号，以此来调整方向。真正厉害的人，早已把自己活成“反馈系统”——每一次呼吸都在收集数据，而且是对自己进化有益的数据，每一次行动都在校准轨迹。

当你学会让自己的人生走在正反馈的节奏里，就会发现：成长不是苦修，而是一场越闯越上瘾的通关游戏。

第六节　复利

所有时间的馈赠，都是来自复利的奇迹

当吴晓波还是一名月薪只有70元的记者时，他就定下目标："我要每年写一本书，每年买一套房。"24年后，吴晓波不仅成为中国稿酬最高的作家之一，还积累了丰厚的财富。

巴菲特用50年时间，滚雪球般把100美元变成了千亿美元的财富，这一切都源于复利思维。

这里最重要的秘籍就是三个字：不中断！

当然，复利不仅仅是金钱的游戏。每天读书20分钟，5年后你能讲透一个领域的底层逻辑；每周给客户发一份行业洞察，3年后你会成为他们的"大脑外挂"；每个月优化一个工作流程，10年后你的工作效率会超越95%的同行。

时间从不偏袒任何人，但复利会偷偷奖励那些“把简单动作重复到极致”的人。

1.什么是复利

“复利”这个词比较抽象。到底什么是复利？我先举个例子，假设你有两个选择：

选择1：立刻拿走100万元现金；

选择2：拿1分钱，每天翻倍，持续30天。

你会选择哪一个？我相信100万跟1分钱对比，90%的人会选择100万，但是你知道吗？后者在30天后会变成536万。这就是复利的魔力，时间使微小的积累转变为巨大的奇迹。

给大家一个公式：

$$\begin{cases} 1.01^{365} = 37.8 \\ 0.99^{365} = 0.03 \end{cases}$$

这个等式告诉我们，积跬步以至千里，积怠惰以致深渊。

$$\begin{cases} 1.02^{365} = 1377.4 \\ 0.98^{365} = 0.0006 \end{cases}$$

这个等式则告诉我们，只比你努力一点的人，其实已经遥遥领先。

复利的特点一开始毫无声息，后面就爆发了。这就是为什么同样30来岁的我们，在起点相同的情况下，有的人只比我们做对了一点点，却过着和我们截然不同的人生。

复利绝对是平凡人最公平的逆向武器，它不看出身，只看耐心。

2.复利思维

在人生的进阶过程中，我们都需要具备复利思维，因为复利思维是普通人和高手的认知分水岭。

（1）复利思维的三大内核

①长期主义：用10年后的眼光看今天

反面案例：某自媒体达人追捧热点月入5万，但3年后内容过气，被迫转行。

正面案例：罗振宇坚持每天发60秒语音，10年累积3650条内容，形成“罗辑思维”知识资产库。

②资产思维：区分“耗材”与“资产”

耗材行为：熬夜加班赚加班费、接零散兼职、陪客户喝酒拿订单。

资产行为：开发自动化工具节省人力、写一本畅销书赚版税、建立标准化服务流程。

③不中断原则：避免“归零”的五个雷区

健康崩溃：连续熬夜后住院。

情绪失控：一次争吵毁掉多年客户关系。

路径依赖：守着过时技能拒绝学习。

贪婪冒进：All in（全部投入）炒股导致本金归零。

低效重复：用同一方法做10年没有进步。

（2）复利思维的实践框架

很湿的雪加上很长的坡，就能滚成巨大的雪球，这就是复利的力量。

第一步：找到“可滚雪球的湿雪”

评估标准：

①是否有累积性（今天的努力能为明天铺垫）

②是否有杠杆性（能否用更少的投入撬动更大的产出）

③是否有抗风险性（意外事件是否导致前功尽弃）

我从大学毕业后进入碧桂园工作，后面开始跟随老师学习，专注企业业绩增长板块。10年来，我一边做顾问，一边做教练，有时还参与一线业务的执行，日积月累，直到今天，我能有底气地为有需要的企业做顶层设计，设计商业模型，找适合的打法节奏，为教育赋能。我用几年时间操盘过10亿的品牌，积累了不少经验。更重要的是，我会接触在一线战斗的伙伴，随时根据他们的情况调整打法策略。

第二步：设计“增强回路”

不管是个人还是企业，都需要设计好自己的“增强回路”。

从个人的角度来说，你需要深度学习，找到对的人跟随学习，因为跟随才能得到精髓。学习后通过实践打通理论到实践的线路，然后形成自己的体系总结，再找机会输出给有需要的人，这样就能吸引更多的机会。因为联结的人质量越来越高，同样也能拥有更多的学习资源。

从企业的角度来说，通过当下最优的策略保证用户增长，随着用户的累积，数据会累积。通过算法优化客户积累数据，然后提升用户的体验感，最终吸引更多用户加入这个正循环。

3.如何产生复利效应

你认识到复利的力量，就在你的脑中植入了复利思维。你习惯性地告诉自己，等我有时间了，我就来启动我的复利效应。今天我要告诉你，别等有时间了再开始，先从不太影响你生活习惯的方式开始，利用碎片时间播下复利的种子。

第一步：找到你的“复利种子”。

你每天早上都要刷牙吧？大多数人只是机械地刷够3分钟。我原来公司的CEO尤总，我就特别佩服他，他每天的刷牙时间就是他听线上课程的时间，这就是知识的复利；更厉害的是，他还会边刷牙边做盆底肌训练。日积月累，他各行各业的知识储备量实在惊人；每天3分钟的盆底肌训练，也让他告别久坐腰痛。他做任何事情都有条不紊，被学员亲切地称为“国民老公”。当然，不是因为他帅，而是因为他太有安全感。

所以，在生活中，你可以找到N个“刷牙时刻”，洗碗、遛狗、午休、跑步等一系列事情，你只需要做“1+1”的绑定，就是在做前面事情的时候，顺带做后面的。

你不要小看任何5分钟，在时间的复利下，可以产生巨大的奇迹。

第二步：设计“傻瓜都能坚持”的复利系统。

有了复利的种子，接下来你要刻意设计出不需要太费劲就能坚持下来的复利系统。

比如，减肥最好的方式，就是朋友圈打卡，再加上数据见证。我原来帮一个减肥品牌设计过30个人的减肥陪跑群，要求每天体重打卡，减重1斤奖励100块的方案。在打磨模型的时候，我参与了群里的“瘦身计划”，反正每天我在群里被她们笑得半死，她们还怪自己体重基数太小。在减肥平台期，比较焦虑的时候，就在群里相互打气，各种约定，各种刺激。最后，14天时间，大家基本上都拿到了比较理想的结果。

这个习惯养成后，再开其他减肥训练营，我让她们当助教作为案例。把自己的体质从易胖体质调整到易瘦体质。复利就像煮粥一样，大火会煳，小火慢炖才能飘香四溢。

第三步：让复利进入“自动驾驶”模式。

我们需要让自己的复利效应进入“自动驾驶”模式，因为当你不自觉地完成复利的动作，时间的馈赠会在某一天给你巨大的惊喜。

给你做一个触发器：如果……就……

如果我刷短视频超过30分钟，就切换到学习App；

如果收到工资或分红，我就拿出10%转入复利的账户；

如果情绪低落，我就“翻看成就本”反向激励自己；

如果不知道接下来干什么，我就拿出记事本梳理今天最重要的事儿。

普通人看到的复利，只是财富的翻滚；高手看到的复利，是每一天的微小选择都能雕刻命运。记得把自己经营成时间合伙人，因为时间的所有馈赠，都来自复利的奇迹。

种一棵树最好的时间是10年前，其次是现在。从今天起，利用好你的每一分钟，因为每一分钟都可能深刻影响10年后的自己。

第七节 进阶修炼

你走的这条路，时间看得见

你有没有这种感觉，每天都在努力，却不确定自己是不是走在正确的道路上？你不断行动，却总觉得自己在原地打转。最困扰你的不是没结果，而是你不确定这一切到底值不值。

这时候，你心底可能会冒出一个小小的声音："我这样做，真的能成事吗？"

现在我想跟你聊聊"成事"这件事。

成事不是一夜爆红，也不是瞬间成功，而是你在不被看见的日子里，依然选择清醒、持续、踏实地往前走。不是靠天赋暴击，而是靠系统生长。真正的"成事"，从来不是一场短跑，而是一场深度的修行。

成事的本质，从来不是做成一件事，而是你成为一个“能成事的人”。

这个世界最大的差距，从来不是“谁做了什么”，而是“谁有能力长期把事情做成”。

成事的人，早就明白一件事：自己不是在干一件事，而是在构建一个持续能做成事的系统。就像一台稳定的发动机，它可以放进不同的赛道，驱动不同的目标，但它始终稳定、可靠、值得托付。

很多人以为“成事”靠的是运气、关系、时机，但其实真正的高手，靠的是几个你听起来都不新鲜的词：对标、贵人、引力、组织、反馈、复利。关键不是你听过，而是你真的“活进去”。

你有没有认真想过，你在向谁学习?

真正成事的人，从不毫无计划地忙碌。他们心里总有一个“对标对象”，一个一想到，就会觉得自己还远远不够好的榜样。

对标的意义，从不是“照抄”，而是找到一条“属于自己的进化路径”。你不需要成为第二个谁，而是通过“模仿—吸收—改造—创造”的过程，成为“更高版本的自己”。

你仰望的高度，就是你命运的上限。你愿意对标多高，你就能爬多陡的坡。

想一想你当下最想成为谁?

不是“看上去成功的人”，而是那个让你看见就忍不住想靠近、想进化的存在。如果你愿意，现在就写下他的名字和你想对他说的一句话。

别怕模仿。怕的是你模仿了，却从来没问过一句“为什么他这么做?”。高手的模仿，从来不是形式，而是提炼逻辑，是站在别人的肩膀上看世界。

对标对了，你的选择自然会变少，方向会变清晰，精力也不会分散。你不再焦虑，因为你知道自己在走一条能通向远方的路。

在这条路上，你需要的，不是一个人战斗的孤勇，而是那个关键时刻拉你一把的“贵人”。很多人误会了贵人的概念，以为贵人是“运气”，其实真正的贵人是你价值的镜像。

你有没有想过，为什么有些人遇到困难时，总有人愿意拉他们一把，而有些人却始终在边缘游走?

贵人不是你“遇见”的，而是你“吸引”来的。你要先成为一个“值得帮的人”，贵人才愿意把他的资源、见解和信任交到你手上。

你做得如何，不在于你说了什么，而在于你有没有在被帮助之后，及时反馈结果；有没有把别人的托付当成自己的使命；有没有在未来的某个时刻，反过来成为他人的贵人。

贵人可遇不可求，遇是缘分，求是本事。

所以，从今天开始，不要再问“我怎么找贵人?”，而要问“我怎么让自己值得被帮助?”。你变成一个“优质项目”，世界才愿意投资你。

当你具备了对标能力，有了贵人的支持，下一步你会发现，所有事情的成败，终究指向一个词：引力。

为什么有的人在团队中总是被信任？为什么有的人资源不断，合作频繁？你会发现，真正能成事的人，不是靠能力吓人，而是靠气场吸人。而气场的核心，是你给世界传递的“情绪能量”。

你是否愿意真诚地欣赏别人？是否能稳定输出情绪价值？是否能在冲突中保持温度？你散发的情绪，是你联结世界的密码。这个世界运行的本质不是冷冰冰的规则堆积，而是能量的流动。你给别人的体验，决定了你未来能不能聚合一群人。

而这些人，一定会在某个时刻聚合一个“组织”。你要明白，真正想成事，一定不是靠个人英雄主义，而是靠组织力量。

一个人，可以跑得快；但一群人，才能跑得远。你需要一个团队，一个系统，一个有信任、有协同、有学习能力的生命体。你要在其中不断进化自己，也要用系统去带动他人。你不是那个“出色的人”，你是那个“能让别人出色的人”。

组织不是形式，是你“能量的延伸”。而这一切的连接力、整合力、战斗力，都需要通过一件事来实现：反馈。高手从来不靠感觉判断，而是靠数据、观察、复盘、微调，不断升级自己的“反应系统”。

你做了什么？世界是怎么回馈你的？如果你听懂了，你就能比别人快三步。

回想你最近做的一件重要的事，有没有收到明确的反馈？

那个反馈是鼓励还是批评，抑或是沉默？

如果现在让你写下一句话复盘，你会怎么写？

记住，没有反馈的努力是盲修瞎炼。你要做的是：做→反馈→优化→再做。就像一艘船，不断校准航向，才能驶向理想的彼岸。

当你开始接受反馈、修正动作、持续调整，你就进入了一个最美妙的阶段——复利生长。

这时候你才会明白，原来真正的高手，并不是每天做惊天动地的大事，而是在极其稳定的节奏中，把一个动作做到极致，然后让它重复、发酵、放大。

复利不需要你有经验，只需要你不中断。它会默默为你写下一份惊人的结果。你已经比你想象中更接近“成事”的那个自己了。

那些你坚持做的小事、默默发的邮件、认真准备的会议、用心写下的笔记，时间都看见了。它们在酝酿、在铺垫，在等一个最合适的时机，把你推向那道光。

请你不要中断。

愿你清醒又热烈，温柔且坚定，既能忍受无人问津的日子，也配得起万众瞩目的时刻。

第 六 章

财富篇

财富不在于拥有，而在于驾驭。

它像水，停滞就腐，流动才能生生不息。能驾驭它的人，可以让钱为自己创造价值；留不住它的人，只能眼看它流向别人。

真正的富有，不是账户上的数字，而是掌控财富流向的能力。

会赚钱的人不会追着钱跑，而是让钱主动找上门。你能驾驭多少财富，取决于你有没有认知格局和资本思维。

第一节 资产
人生财富自由的三栋资产大厦

每个人的奋斗目标都是：实现财富自由。

到底什么是真正的财富自由？巴菲特和查理·芒格这对黄金搭档用一生证明了一个真理：真正的财富自由，本质上是精神自由的外在显现。

所以，当我们谈论一个人财富的时候，不是具体评估有多少有形资产。我们需要认识到一个人的财富是有不同形态的，包含有形资产、无形资产、精神资产。这三大资产构成了每个人一生财富的资产大厦。

有形资产决定你能站多稳（财务自由）；无形资产决定你能飞多高（能力自由）；精神资产决定你能走多远（内在自由）。

这三者之间不是简单的递进关系，而是相互滋养的复利循环。普通人只盯着银行卡里的数字，而高手在同时构建这三栋大楼。

第一栋楼：有形资产大厦——你的“财富地基”

（1）什么是有形资产

定义：能直接变现或产生现金流的实体资产。

常见方式：存款、房产、股票、设备、存货等。

案例对比：

打工者A：月薪3万，但全是工资收入，不工作的时候口袋收入就停了。

投资者B：月薪2万+2套房产收租收入，被动收入覆盖生活开销。

（2）如何打造有形资产

①从“收入思维”转向“资产思维”

每个月工资到账后，先问自己：“这笔钱能变成什么资产？”这里给你一个532法则：50%用于必要开支；30%用于投资有形资产；20%用于自我提升（无形资产投资）。

②选择“会生金蛋的鸡”

资产类型	适合人群	复利特征
指数基金	小白投资者	长期年化收益率5%~12%
核心地段房产	有首付能力	租金+升值空间
自动化生意	创业者	系统化现金流

③建立资产“防护栏”

这个非常重要，永远要给自己留有“防护栏”。毕竟我们过了30岁，上有老下有小。不能为了创业或者某个投资，头脑一热，不顾一切。你要给自己留有缓冲的余地，甚至东山再起的资本。

要永远保留最少1年的生活费作为应急资金，为重要资产购买保险（重疾险、财产险等），家里可以购买一些黄金当作理财工具，方便随时变现。

第二栋楼：无形资产大厦——你的“财富杠杆”

（1）什么是无形资产

定义：没有实体形态但能创造价值的资产。

核心形式：技能、品牌、人脉、知识产权、数据等。

案例呈现：

作家J.K.罗琳拥有《哈利·波特》的版权，这无形资产能持续产生20年版税收入。

马化腾：QQ、微信用户数据，这无形资产造就了今天的万亿腾讯。

（2）如何积累无形资产

①技能复利：让能力自动增值

“T”型人才策略：先深耕一个领域达到前10（如编程），再扩展关联技能（如产品思维、演讲能力）。

②人脉复利：建设“价值网络”

5人法则：你最常接触的5个人决定你的财富水平。

定期给你的“人脉银行”做储蓄，每月“存款”，主动帮助3人为关键人脉；避免“透支”，不过度索取回报。

③数字资产：互联网时代的金矿

自媒体账号（10万粉丝=自动广告收入）

线上课程（一次录制，多次销售）

后面为了更好地理解这本进阶书里的内容，笔者会录制线上课程，延展出更多、更深的内容，让每个读书会成员都能快速成为高手。

第三栋楼：精神资产大厦——你的“财富引擎”

（1）什么是精神资产

定义：驱动你持续创造财富的心理资本。

核心组成：认知模式、情绪管理、内在动机、抗压能力等。

案例对比：

富豪A：某上市公司CEO因抑郁症自杀，精神资产破产。

普通人B：有自己的兴趣爱好和人生理想，每天心力充沛，能积极克服困难，精神饱满。

（2）如何投资精神资产

①认知升级：安装“富豪思维系统”

每天花30分钟进行深度学习，比刷短视频强10倍；每周与高手对话，线上线下都可以。

②情绪管理：积累“心理资本”

拥有游戏心态，做好通关打怪的准备；拥有转念能力，所有发生的一切皆有利于我；

经常复盘，用上帝视角为自己开启“外挂”。

③能量管理：打造“永动机心态”

早晨充电“三件套”：冥想＋运动＋营养早餐；每周“断电日”：完全脱离工作，为自己充电。

真正的财富自由，不是银行账号里的数字膨胀，而是生命状态的升级。这三栋大厦之间互相影响。

有形资产（财务自由）为精神资产（内在自由）保障发展空间；

无形资产（能力自由）为有形资产（财务自由）创造超额收益；

精神资产（内在自由）为无形资产（能力自由）提供内在动力。

这三栋资产大厦是相互促进、相互滋养的关系。

请一起加油！全力以赴地去拥有这三种自由，财富才会真正成为生命的助力，而非束缚。这才是高手应该追求的财富人生，不单纯追求数字游戏，要用资产大厦托举灵魂。

第二节 财商

决定你一生财富峰值的思考模型

《富爸爸，穷爸爸》里有一句话：“穷人为钱工作，富人让钱为自己工作。”

有人月入3万却总在还债，有人月入8000却能投资买房；有人年入几百万却因投资失败而一蹶不振，有人即便失败也能随时东山再起；有人视金钱为猛虎，有人把钱当合作伙伴；有人把钱当作成事的工具，有人却守着日益增长的钱当守财奴。

你和钱的关系，决定了钱的去向。大多数人的一生都在和金钱赛跑，因为他们从未真正理解金钱的流动规则。每一个想实现人生财富自由的人，都需要有财商思维。财商思维不是算计金钱的技巧，而是认知金钱的本质，建立财富系统的能力。

1.财商觉醒：跳出“用时间换钱”的死亡螺旋

我先告诉你一个扎心的真相：当你为了工资，忍受周一拥挤的地铁时，有人用你创造的利润正在享受马尔代夫的阳光。

穷人和富人思维的分水岭是：穷人用时间换钱，富人用钱买时间。穷人心里的算术题是：1小时=100元，一辈子困在加减法里；富人心里的方程式是：100元=10个劳动力，一生玩转指数函数。

所以，穷人把时间切成碎片出售，而富人把钱酿成复利的陈酒。穷人很容易把焦点放在钱上面，而富人认为时间是最贵的。你抱怨“没时间理财”的样子，像极了在流水线上挣扎却说“没空思考如何脱困”。

财富的本质从来不是账号数字的膨胀，而是你终于拥有对讨厌的事情说“不”的能力。当你发现工资只是财富游戏的入场券，而不是终极目标，才算真正开眼。在财商觉醒者的眼中，金钱是流动的，不是锁在保险箱里的标本；财富是认知的投影，不是银行卡中的数字；人生是设计系统的艺术，不是出卖时间的交易。

当你不再问“怎么赚更多钱?”，而是思考“如何让钱为我工作?”，才算输入了正确的财富密码。

2.花钱的艺术：让每一分钱都活出生命

钱就像水一样，浇在石头上会蒸发，浇在种子上会开花。钱在不同人的手里会有不同的命运。

蒸发型花钱：买奶茶、充游戏币、追新款——钱像泼出去的水，爽完就没了。

开花型花钱：学技能、托人脉、买体验——钱变成生命里长出来的花。

结果型花钱：投资认知、创造系统——钱在别人口袋里替你结果。

穷人花钱买“此刻”，富人花钱买“未来”。很多女生一到换季就说没衣服穿，打开衣柜却有一大堆不穿的衣服，买衣服的时候是挺爽的，却不想着拿钱去体验从未体验过的跳伞、滑雪、看极光；有些人一有钱就买豪车，却不舍得用钱来提高认知和学习。

我的心得是：花钱要花得不像钱！最高明的花钱，是让钱变成无形的影响力。笨人把钱花出去买实物：手机、手表、车；聪明人把钱花出去买人脉：饭局、礼物、向上社交；有财商的觉醒者花钱买杠杆：课程、咨询、智囊团。

钱是有灵性的，你怎么花它，它就怎么回馈你。把钱当砖头的人只能砌墙，把钱当种子的人能种出一片森林。所以，当你开始计算“时间成本”，你才算真正开始懂得花钱。高手都清楚：跟钱最好的相处方式就是把钱当作朋友，让它流通起来。时间会以一种你想象不到的方式回馈你。

所以，看一个人怎么花钱，就知道他的生命还剩下多少可能。

3.与钱做朋友：破除财富心理障碍

我在全国讲课的过程中，发现不少学员对钱的认知有问题，他们潜意识中有“我不配有钱”的信念体系，有的觉得“谈钱伤感情”；有的甚至觉得“钱是肮脏的”。那你想想看，如果是这样的想法，你觉得他能掌握财富吗？别忘了，钱是有灵性的，它会找到能把它的价值最大化的人。

学会与钱做朋友，这是我们人生的大课。

和钱做朋友的第一课：尊重，而非逃离或控股。钱就像猫一样，你越追它，它越逃得欢。你若种好梧桐树，凤凰自来栖。把钱当敌人的人，终将被钱打败；把钱当朋友的人，钱会替他征战四方。

和钱做朋友的第二课：流动，而不是守住。钱是活水，死守成潭就会发臭，一旦流动起来就可能汇成湖海。守财奴把钱放进保险箱，就如同把朋友关进地牢，那它怎么帮你创造更大的价值？你应该去旅行、投资、助人、消费，让钱带着利息和故事回来。

和钱做朋友的第三课：成长，而不是停滞。也许当下你和钱已经产生很好的关系，但请记住你需要继续成长。为什么有些人达到一定高度后，就再也上不去了？就是因为他跟钱的默契值没有促成彼此的进化。你在焦虑钱为什么没有变多时，钱可能也在默默地嫌弃你匹配不上它的认知了。

和钱做朋友的第四课：保持边界感，亲密但有间。再好的朋友也不可能24小时都在一起，钱也需要空间和喘息的间隙。有些人为了钱出卖自己的健康、尊严，甚至是底线，其实钱应该成为你价值观的代言人。为钱放弃底线的人，最终发现用钱也买不回底线。

和钱做朋友的第五课：回馈，感恩创造丰盛。钱就像回声，当你抱怨“为什么没有更多?”时，它也在叹息；当你感恩富足的时候，它就在唱歌。总觉得钱不够，就会吸引更多短缺；感谢每一笔收支，钱会给你带来更多。请记得多歌颂财富流转的恩典。

钱是一生的朋友，有情有义。钱也是最深的浪漫，让配得上它的人忘记它的存在。

金钱不是某个目标的终点，它是照见生命维度的镜子。当你明白账户余额只是认知的投影，财富自由便不再是数字游戏，而是灵魂的扩容——用时间的复利浇灌根基，让投资的年轮沉淀智慧，在与钱共舞中照见自己的贪婪与慈悲。

真正的财商觉醒者，早已看透金钱的本质是流动的能量：它既能困住守财奴成为黄金枷锁，也能托起觉醒者化作通天阶梯。当你不再为钱疲于奔命，而是让钱为你的价值观代言；当每一分支出都在为理想世界投票，每次投资都在播种未来生态，财富便不再是身外之物，而是你精神世界的物化图腾。

记住：穷人为钱打工，钱为觉醒者工作，而顶级财商者把金钱炼成照亮众生的光。

第三节　变现

变现力是通往财富人生的黄金密钥

你有没有留意过，真正厉害的人从来不是因为资源多才出色，而是因为他们能够把手头有限的资源发挥到极致。他们仿佛有一种魔力，能让普通的东西摇身一变成为价值满满的财富。这种能力叫变现能力，变现力是一个人通往财富人生最重要的黄金密钥。

什么是变现能力？

直白地说，就是把你手里的资源和机会，通过一套有效的逻辑和行动，转化成真正的价值的能力。它的核心有两个关键词：流动性和增值能力。财富不是静止的数字，而是流动的生命力。它像一条河，只有流动起来，才能滋养更多可能性。

理解变现能力，首先要认清它的本质：资源通过创造性运用，转化为价值。这不是简单的资源交换，而是通过设计让资源产生裂变效应。比如，你擅长写作，写文章是直接变现；而把文章变成一本书，用一本书打造知识付费课程，就是升级版的变现路径。变现的核心逻辑如下。

识别资源：我有什么能变现的资源？

设计路径：如何让这些资源从点到面地放大价值？

构建系统：如何源源不断地变现？

你会发现，变现能力强的人，不只是看到表面的资源，还是能挖掘它们背后潜在的可能性。

我认识一个做二手书生意的小哥。他发现很多人买书后闲置，就跑去废品站收书，每本5块钱，然后重新整理，拍照上传到淘宝，标题写得很吸引人，比如“青春的记忆：那些年读过的经典小说”。结果呢？一本5块的书，他卖到30块，还供不应求。

为什么他能成功？

发现被低估的价值：废品站的书在他手里变成了知识和情怀的象征。

用创意提升价值：通过包装和宣传，买家感受到的不只是书，还有情感。

构建流量池：卖书之余，他把客户拉进书友群，变成了长期粉丝。

所以，变现能力的提升不是拍脑袋的事，而是需要清晰的策略和行动计划。你可以用下面这三步框架来规划你的变现之路。

1.知道自己要“变”什么：资源定位与目标设计

变现的起点，是认清你手头的资源和目标。问自己两个关键问题：

我的核心资源是什么？（是技能、经验，还是人脉？）

我希望资源转化成什么？（是收入、影响力，还是长期合作？）

清晰的定位让一切变得明确。比如，你擅长沟通，可以尝试做咨询；你是领域专家，可以开课程；你有人脉资源，可以成为联结者。只有明确了“变什么”和“为谁变现”，你才能精准发力。

举个例子，我有个朋友阿亮，他是设计师。他不想靠接单赚死工资，就利用自己的插画技能，设计了一本独特的插画日历。上线当天，他通过短视频宣传，5000册一抢而空。

他的路径很清晰：优势（插画）+载体（日历）+推广（短视频）=成功变现。

2.找到资源的杠杆点：设计“资源—价值”的放大路径

变现不是简单的“用资源换钱”，而是通过设计路径，放大资源的价值。找到资源的最佳使用场景，用杠杆放大价值，而不是分散做无效尝试。

比如，你有演讲能力，不仅可以服务企业讲课，还可以通过多平台运营，打造自己的个人IP，让你输出的观点能带来多倍收益。高手会思考：这项资源，还能在哪些地方创造价值？

一位朋友从写文章赚稿费起步，后来将文章整理成写作技巧手册，推出线上写作工作坊。结果，这个项目一年赚了他过去5年的收入。高手的逻辑是：资源的价值要经过设计和升级，变成可持续增长的资产。

3.让变现持续“活着”：用数据优化策略

变现能力不能止步于一次成功。随着市场的变化，高手总是通过数据驱动，不断优化策略：哪些方式能带来最大化效果？用户对什么内容更感兴趣？如何提升资源转化率？

比如，知识付费领域的热门课程，往往不是一开始就取得成功，而是通过多次调整、根据用户反馈才找到了真正的需求点。

到这里，我们已经探讨了变现的三步核心逻辑：识别资源、设计放大路径、持续优化策略。这三步提供了“操作指南”，能帮助你构建一个有方向、有策略的变现体系。但仅仅掌握方法还不够，真正的高手有一项更深层的能力：从生存思维到价值思维的转变。

变现路径，最终由你的思维框架决定。生存思维专注于短期回报，追求即时的安全感；而价值思维则把资源当作可以不断增值的资产，注重长期增长。只有跳出“资源不足”的限制，从长远视角设计资源流动，变现能力才能真正贯彻到你的工作与生活中。

普通人对资源的理解通常局限于生存思维：看到资源就想尽

快换成眼前的回报，追求短期利益。高手拥有价值思维：资源经过设计与升级，变成可持续增长的价值资产。

我的好大哥吴彬，妙慈集团董事长，专注中医药大健康，打通了上下游生态链路，年产值近10亿。他的成功秘诀在于深谙如何将资源转化为长期战略资产。我感触最深的是他对“用心”和“长期主义”的坚持。

他曾告诉我，从创业起便遵循一个原则：做事要顺应规律，把该做的事做好，其他交给时间。所以，他在公司管理上特别注重“人心”的经营，合作伙伴大都合作5年以上，而且都是行业高手。他对待每个人的方式，都做到了极致，让人感动。

他曾说：“我们的合作商到郑州，人民币就失效了。”意思是所有合作商的接待、住宿等费用由公司全额承担。很多人会问：这不是一个巨大的成本吗？吴哥说：“从短期来看是大成本，从长期看则是小成本，甚至是一种投资。从企业角度看，做生意就是经营人心。当一个人愿意交心，做生意就自然而然了。”

他的做法传递出一个深刻的商业哲理：经营企业，最重要的是经营人心。他已经坚持了20年，把“先付出”的理念内化为自己的生活方式。他不追求眼前的利益，而是通过长期的信任积累，建立了一个稳固的合作网络。他的“长期主义”让企业在竞争中始终保持领先，因为他早已把“人心”转化为最重要的资产。

这正是高手的思维：通过真心付出，积累的不是成本，而是未来的无限可能。

变现的本质，是从相信开始。相信你手中的资源虽然有限，但潜力无限；相信市场需求就在眼前，等待你的创意去唤醒。真正的高手，所有成功都不是规划出来的，而是在不断尝试中找到的。他们不会因为资源少而止步，而是明白："第一步微不足道，但没有第一步，就永远无法到达终点。"

资源是一条沉睡的河，只有行动，才能让它奔流。变现的能力不是天生的，而是通过学习和实践不断升级的。从现在开始，识别资源，设计路径，让它动起来。

每个人都拥有变现的能力，你的任务是让它醒过来。

第四节 经历

你经历的一切，都是未来成功的底气

人生没有白走的路，每一步都算数！

——李宗盛

人生，犹如一场漫长的旅程，我们在岁月的阡陌中穿梭，留下的脚印深深浅浅，每一步都很急。每一段经历，无论是欢乐还是痛苦，都是生命赋予我们的珍贵礼物。

每一次跌倒，都是成长的伏笔；每一次迷途，都是觉醒的契机。那些你曾以为难以跨越的沟壑，如今都已化作身后的风景；那些你曾以为刻骨铭心的伤痛，如今都已成为岁月的勋章。

那些路，少走一步，都不可能成就今天的你！

乔布斯在斯坦福大学演讲时曾说：“你无法预先把点点滴滴

串联起来，只有在未来回顾时，你才会明白那些点点滴滴是如何串在一起的。”

你所经历的，就像你的私人成长银行，不是简历上的装饰，而是你面对这个世界的底气！而生命中所有的经历，无论是成功还是挫折，最终都在引导我们成为更真实的自己。

1.格局：重新定义“钱”和“承诺”

格局，从来不是天生就有的，而是在经历中慢慢拓宽的。那些让我们付出很多，甚至一度怀疑值不值得的事情，其实正在悄悄塑造我们的内在格局。当你经历过一些困难，见过风浪之后，才会发现，格局并不是拥有更多的资源或更高的地位，而是拥有更开阔的视野、更平和的心态，以及对人生更深刻的理解。

2015年，我和几位朋友投资了一家高端接待会所。那时候，我们发起众筹，每个人3万，最终众筹了273万。按照约定协议，除了有3万的消费金，出资人一年后能拿回一半本金，当时大家都觉得这是一个双赢的计划。

但一年后，问题来了：会所运营成本巨大，基本没有盈利，到了约定时间，其他消费股东就提出收回一半本金的问题。当时我的另外两个合伙人提议索性宣布倒闭，反正也不盈利。我很清楚，如果不退，一定会引发一些纷争，而且白纸黑字基本没有任何周旋余地；可如果退，130多万也不是一个小数目，公司账户上基本没钱。在纠结之后，我决定拿自己的钱先退，当然，我也做好了合伙人不认的准备。

钱退了，大家一片祥和。后面我碰到投资失败亏钱了，有段时间，资金压力像山一样压着我，我失眠、焦虑，也后悔自己当时太冲动了。再后来，当我需要帮助时，许多人站出来支持我，推荐业务，于是我赚回了远超5倍的钱。他们提到那次退款，说："这小伙子不错，绝对靠谱，以后能成大事。"

做人靠不靠谱，比一时的得失更重要。那次退款，我以为只是解决了一场纠纷，却没想到为自己赢得了一笔"无形的财富"。人这一生，有些选择看似当下吃了亏，但时间会把它转化为更深远的价值。

更重要的是，这段经历让我对"钱"有了全新的认识：钱是工具，不是目的。如果你把钱看作衡量一切的标准，它会变成你的牢笼；但如果你把钱当成实现目标的杠杆，它会成为使你自由的钥匙。格局，不是天生的；它是你在面对取舍时，敢于承担的那个瞬间塑造出来的。

2.见识：敢于拥抱"未知"

见识的提升，不是知识的堆积，而是你敢于从熟悉的圈子里跳出去，看见不同的世界。大多数人都活在"舒适区困境"里。熟悉的地方让我们觉得安全，陌生的事物让我们本能地抗拒。但真正开阔见识的经历，往往源于打破这种熟悉感。

有一次，我感到工作压力大得喘不过气，干脆买了去丽江的机票，一个人飞了过去。在丽江古城的小咖啡馆，我整整坐了一下午，什么也没做。只看着阳光洒下来，看着路人走来走去。那一刻，我突然感受到一种难得的自由——原来，生活不只是任务和责任，还有闲适和从容。

当你跳出自己的小圈子，站在更大的格局上看待问题，那些困住你的事，原来不过是你视野中的一粒沙。

还有一次，我飞去重庆到洪崖洞，只为拍一张夜景。那天晚上，我吃了地道的火锅，在热气腾腾的氛围里，重新找回了活力。很多人问我："这种随性旅行有什么意义？"我想说，这种经历，不是为了"有意义"，而是为了"重新定义意义"。

人感到幸福，不是因为有多少物质，而是因为有选择的自由。经历的意义，正是让你感受到"我可以"的能力。提高见识，不是为了学到多少知识，而是为了从新的角度看待生活，拓宽你心灵的边界。

3.远方：找到人生的意义

真正的远方，不是你走多远，而是你看清了生命的灯塔。我从大学时就对教育产生了兴趣。那时，我偶然听到一位老师的讲座。他说的话并不华丽，却让我在迷茫中看到了希望。这段经历，深深地影响了我。

多年后，我选择进入教育咨询行业。在这条路上，我遇到过无数迷茫的年轻人，也看到了许多困境中的创业者。他们走着走着，迷失了方向。每当这个时候，我就想起当年那个老师，假如我能成为点燃他们的一束光，那我的存在就有了意义。

2018年的一个晚上，我在分享我人生的使命——助力中国女性创业者成为更有影响力的人的时候，可能是音乐催生的情绪，我感受到背后仿佛有一道金色的光照在我的后脑勺上，耳边一直回响一个声音："林一景，你这辈子把这一件事干到极致就行了，你来到这个世界就是为了这件事。"我一边讲课一边哭，眼泪止不住地流下来。

当然，不是因为我脆弱或者感性，是因为我很感动。我在不到30岁的年纪找到了我这一辈子要做的事，真的要感谢上天的眷顾，给了我无穷无尽的力量。

那天讲完课，我还是止不住我的泪水。回到房间，我一直流泪，直到凌晨4点多的时候，我跪在酒店房间的地板上发了个大愿：此生要助力中国女性创业者成为更有影响力的人。这么多年，我一直在努力地践行着。

哲学家雅斯贝尔斯在《什么是教育》中表达了"教育的本质，是引导人走向独立"的思想。对我来说，教育不只是一个行业，更是我生命的灯塔。教育就是一棵树摇动另外一棵树，一朵云推动另外一朵云，一个灵魂唤醒另外一个灵魂。

经历让我看到，远方不在远处，而在你决定成为什么样的人的那一刻。远方，是一种对意义的追求。而这种意义，往往来源于你经历中那些燃烧过的瞬间。

经历的价值，在于它让你找到自己独一无二的位置。它让你的格局更大，因为你开始懂得承诺与责任的力量；它让你的见识更广，因为你敢于跳出熟悉的世界；它让你的远方更清晰，因为它指引你找到生命的意义。

我最喜欢的文学家是苏轼，最后，我把最能表现他旷达超脱心境的一首词《定风波》呈现出来，与大家共勉。

《定风波·莫听穿林打叶声》

三月七日，沙湖道中遇雨。雨具先去，同行皆狼狈，余独不觉。已而遂晴，故作此词。

莫听穿林打叶声，何妨吟啸且徐行。竹杖芒鞋轻胜马，谁怕？一蓑烟雨任平生。

料峭春风吹酒醒，微冷，山头斜照却相迎。回首向来萧瑟处，归去，也无风雨也无晴。

第五节 同盟

为什么不让同盟帮你撬动更大的世界

如果你想走得快，就一个人走；如果你想走得远，就一群人走！

当然，我所指的一群人，不是简单的合作关系，而是一群有深度情感联结的人，他们能够在你需要帮助时给予你无条件的支持，甚至给你足够的底气！

你是否有过这样的时刻：深夜里，工作和生活的压力让你喘不过气，你拿起手机想找个人倾诉，却发现通讯录里存着无数名字，但真正可以无话不谈的却寥寥无几。你会发现，父母的支持有限，朋友的关系疏远，合作伙伴则往往基于利益，这种孤独感会在某个夜晚蔓延开来。

我们正在进入一个孤独的时代。

社会在变化，关系变得复杂。信任成为一种稀缺资源，情感和价值似乎成了对立面。这个时候，许多人开始反思：我们需要的，不仅仅是简单的朋友或商业伙伴，而是一种既能满足情感需求，又能带来资源赋能的关系网络。于是，我开始尝试去探索一种全新的关系形态——同盟，既有家族的情感深度，又有社会的资源广度。

2019年，我和好朋友共同创建了"十三家"，以"第三家园"为理念，旨在为那些价值观相近且有缘的异姓兄弟姐妹创立。大家通过努力打造并共享"十三家园"，通过互帮互助寻根结缘的方式，找到12个能与之白头偕老的家人一起"结拜"，建立专属于自己的幸福联盟。在这个过程中，每个成员家庭都能在生活中彼此互帮互助，在事业上相互扶持，从而实现精神和物质的双丰收。

使命：让天下人一家亲，过上三好生活。

愿景：让十三万个家人拥有十三家园，成为全球最具情感力的第三家园；愿十三家人都过上三好生活——生活好，生命好，生意好。

价值观：共识、共建、共享、共生、共富裕；互信、互容、互捧、互担、互助；感恩心、孝敬心、公益心、利他心、助人为乐心。

十三家家人的同盟，建立在相互帮助的前提下，没有血缘关系胜过有血缘关系，一旦认定就是一辈子的兄弟姐妹。我们会举办很隆重的“成家”仪式，有立家、敬酒、基金会成立、互帮、读家规、读家训、唱家歌、点亮、传承等一系列环节。

以下是我们互帮的9个内容。

（1）修学帮：十三家家人本人或直系子女就学和求学建议指引、贫困助学、入校帮助；

（2）情感帮：十三家家人本人的婚姻幸福看护与对象介绍，或直系子女的对象介绍，以及好友或政商关系引荐；

（3）白事帮：十三家家人本人或直系亲生父母和子女的丧事（与家人同礼）；

（4）庆生帮：十三家家人本人生日的报备月份统一月聚，不得单独宴请或重复宴请；

（5）喜事帮：十三家家人本人的乔迁、结婚之喜或直系亲生子女的结婚之喜；

（6）事业帮：十三家家人本人或直系亲生子女就业指导及工作介绍（不鼓励家庭内部安排），以及十三家家人本人或直系亲生子女创业督导；

（7）健康帮：十三家家人本人健康关心、探望，以及十三家家人本人的养老陪伴、探望、助贫；

（8）游娱帮：十三家家人本人及直系子女的同游、同乐；

（9）口碑帮：十三家家人本人或直系家人的口碑传播与捍卫。

“十三家”的核心是，将家族的情感维系与社会的资源整合起来。我们以13人为单位，每个成员明确分工。比如，有人负责家庭基金，有人负责资源对接，有人负责筹划公益行动。成员之间超越血缘，通过共同的价值观和明确的规则，形成了一种新的家人关系。

情感上，是超越血缘的家人。

每个成员都曾在宣誓时承诺，无论谁遇到人生中的大事，其他人都会毫不犹豫地站出来，要么亲自到场，要么派出代表。这不是一纸规则，而是一份沉甸甸的责任和情感。

就像我最爱的奶奶去世，在她的葬礼上，我们十三家的三位兄弟姐妹代表我们十三家家人来参加告别仪式。他们不是简单地来陪我，而是穿着孝服与我一起守灵，行孙子之礼，从头跪到尾，就像对待自己的亲奶奶一样。

13个家庭中，涉及小孩的婚姻、上学、乔迁等喜事都是相互帮忙，以家人方式祝贺。不定期举办家庭聚会，每个月以庆生方式相聚。

这不是亲戚的义务，也不是朋友的礼节。这是一种比血缘更深的情感联结，会让你在拼事业的过程中内心很有安全感：不管多难，多孤独，总有这样一群人，为你而来，为你而行。那一刻，你能真正体会到“同盟”的意义：这是一种无条件的守护，一份无声的承诺。特别是出身于独生子女家庭的，感触会更深。

资源上，用共享的方式解决问题。

十三家建立了家庭基金，每个成员每年根据自己的能力来捐。这笔基金并不是一笔闲置的存款，而是一份用来应对生活和事业上重大挑战的支援力量——用于教育，支持婚嫁，或者帮助创业。

记得有一年，我们有位家人创业失败，消息传来时，他的语气里尽是掩饰不住的疲惫。没有任何人指责，也没有人犹豫。十三家迅速启动了资源联动机制：家庭基金优先拨款，帮他缓解最紧迫的资金问题；同时，几位兄弟姐妹利用各自的资源，主动帮他对接新项目，寻找新的商业机会。

在短短半年里，他不仅渡过了难关，还将自己的创业项目重新盘活，甚至迈出了更大的步伐。后来，他主动将自己的收益追加捐回基金里。在十三家，这样的故事并不是个例。“十三家园”同盟的价值，不是简单的帮助，而是互相赋能、彼此成就。

规则上，仪式感让关系更牢固。

“十三家”有一套清晰的规则，每个成员都有固定分工。

（1）家主：对整个家庭统筹管理，做决议；督导没有建立独立新十三家家庭的家人，发起新一代十三家；

（2）缘主：对筹建服务及后期进行督导；督导没有建立独立新十三家家庭的家人，发起新一代十三家；

（3）学主：发起学习活动及组织服务家庭成员学习；

（4）生主：对家庭成员生活进行组织及服务，促进家庭成员健康、快乐、幸福；

（5）财主：对家庭成员捐的公共基金统筹管理；

（6）物主：对家庭内可能存续的共有物资进行管理；

（7）会主：负责每月及每年的会务活动筹建及服务，活动摄影留念等；举办活动时，组织节目，聚会前歌唱十三家家歌；

（8）资主：争取更多的资源进行互联外链；

（9）业主：推进家庭之间的共业、共建、共产、共赢、共荣、共享、共担的成果；

（10）品主：宣导十三家正面口碑及家庭成员口碑塑造传播；

（11）社主：处理家庭及家庭成员需要的社会关系；

（12）慈主：发起公益活动以及完成每月育才慈善服务；

（13）法主：督促所有家人遵守法律法规和国家政策，践行社会主义核心价值观，在遵守社会道德风尚的基础上，践行十三家优良的家庭公约，并提供家庭及家庭成员在法律法规方面的相关服务与指导。

每个人都有自己的位置，每个位置都有它的意义。但规则的灵魂，藏在我们的仪式感里。在条件允许的情况下，每个月我们都会举行一次全员聚会，拉开序幕的是《十三家歌》。这首歌不复杂，却是每个人心底最熟悉的旋律。

当所有人一起唱出“有福共享，有难互担；家人同心，幸福永远”时，那种情感就像烛光一样照亮了每个人的脸。这不仅是一种形式，更是一种提醒：我们在这里，不是因为利益，而是因为承诺。你在朋友面前也许会有一些伪装或者没有完全坦诚，但是跟自己“十三家”的兄弟姐妹在一起，你可以完全真实地做自己，甚至可以撒娇。

之后的“家规宣誓”仪式，每一句誓言都像是彼此的约定。规则很清晰，但它从不冰冷，因为它的核心，是让我们在一场场聚会、一句句誓言中，确认彼此，稳固关系。规则是支撑，但仪式感是让规则变得温暖的力量。

从“十三家”的实践中，我看到一个强大的同盟体系是如何运行的，也总结了它的三层核心价值。

1.建立信任：情感是基石

信任从来不是一件轻而易举的事，而是通过情感的深度联结，一点点建立起来的。在十三家，我们没有空泛的口号，只有一次次实打实的行动。无论是在葬礼上兄弟姐妹行孙子之礼，还是创业失败时家人迅速筹集资源，那些在关键时刻体现出来的无条件支持，让“我相信你”变成“我依靠你”。

2.放大资源：协作创造价值

资源的价值在于流动，而协作让流动变得更有方向。十三家并非简单的朋友圈，而是一个高效运转的资源网络。每个人的行业经验、社会关系、专业能力在这里得到整合，1+1远远大于2。

3.稳定机制：规则保障长期性

没有规则的同盟，就像松散的沙砾，靠情感也无法长久。在十三家，每个成员的角色都有明确的职责，规则让期待清晰，也让关系更有韧性。我们通过仪式感强化彼此的联结，用规则解决分歧，保障整个同盟长期、稳定地运行下去。

在这个快速变化、关系易碎的时代，每个人都需要一个同盟。它不仅让你在情感上有归属感，更在资源和机制上让你感到安全。真正的同盟，不是单一的网络，而是一个有温度、有规则的生命支持系统。

同盟不仅仅是为了互利，它的意义在于，当你处在生活和事业的低谷时，有一群无条件支持你的伙伴。更重要的是，这种支持会让你更有勇气面对风雨，更有力量去创造可能。

同盟不是静态的资产，而是动态的活水。就像亚马孙雨林中的树木，看似各自生长，实则地下的根系网络都在传递养分和危机信号。当你开始学会用生态联盟思维经营关系时，你会发现：当困难来临时，总有人为你亮起灯塔；当机遇闪现时，总有人为你推开大门；当你疲惫迷茫时，总有人为你守护后方；当所有人关心你飞得高不高时，总有人关心你飞得累不累。

走到哪儿，你都能很有底气地跟自己说：我不是一个人在奋斗！

第六节 声望

这个世界最高级的财富

在商业世界中，有一种财富不需要缴税、不会被盗，甚至自动增值，它就是声望！

创业最大的成本就是信任成本。声望的本质，就是他人对你价值的长期信任投票。它就像滚雪球一样，初期积累很难，但一旦形成势能，就能吸引资源、化解危机、创造溢价。

罗永浩负债6个亿直播翻身，“真还转”就是他的信用资产。声望可以说是个人品牌的复利，它比金钱更稀缺，比权力更持久，比人脉更稳定。

我真正意识到声望的重要性，是在职业生涯的一次关键时刻。那次经历让我明白，声望不仅是你身上的信用背书，更是一种复利工具。通过它，你可以撬动资源，提升价值，还能快速打开别人仰望的合作之门。

几年前，我进入了一个对我来讲全新的赛道——美业。当时，这个领域的竞争已经非常激烈，头部玩家层出不穷。面对这种情况，基于我在原赛道累积的“靠谱口碑”，我没有选择自己摸索，而是主动接触了当时行业内的头部品牌。一开始，他们对我的商业咨询服务提出了很高的要求，虽然之前听说过我们，但是对于我们在这一领域的服务质量没有底气。

我很清楚，跨行做生意，要合作就找第一名开道，不是为了挣多少钱，而是为了给自己定调。我当时做了一个大胆的决定：主动在合作费用上做出让步，对赌业绩至少增长30%，以此作为合作的敲门砖。

事实证明，这个选择非常正确。因为一旦合作成功，我跨赛道的商业咨询服务就被贴上服务过“头部品牌”的标签，加上对我们深入了解，自然会知道我们原来赛道拿到的结果。果然，在我们与头部品牌合作后，大客户对我们的信任度迅速提升，有的人和朋友聊起来就说：“是林总他们呀，那绝对没问题。”所以，我们每个人一定要经营好自己的每一件事，因为这个世界兜兜转转，朋友的朋友总能在某个时刻认识你，你是什么样的人，一打听都知道。

这就是声望的第一重力量——吸引资源。它让你省去了漫长的说服过程，资源会主动向你靠拢。

随着信任的不断积累，原先价格的服务逐渐拥有了溢价能力。客户愿意为我的服务支付更高的价格，原因很简单：信任稀缺，而稀缺就是价值。高声望带来的信任感，会让人觉得你的产品或服务不仅值得，而且有保障。这就是声望的第二重价值：帮你提升“议价权”。

如何利用声望变现？可以拆解为五个维度。

1.资源吸引力

声望高的人，资源总会主动靠过来。人才也好，资本也罢，甚至那些看似遥不可及的机会，总是优先给声望过硬的人。

2.商业溢价

有声望的人，东西卖得贵，别人会认为贵得合理。因为在别人眼里，你不是在卖产品，而是在卖“信任的保障”。

3.机会获取力

那些稀缺的、无法用钱买到的机会，如某些头部合作、行业项目，往往都是优先留给声望高的人。有一次，我甚至没有去申请，机会就主动找上门来了。

4.信任成本降低

声望高的人，沟通成本特别低。别人跟你合作，不用反复试探、打听、磨合，而是直接进入执行阶段。这背后的逻辑很简单：信任已经帮你打好了地基。

5.抗风险能力

声望还是最强的“护城河”。在市场波动或者危机中，高声望者更容易赢得支持。新冠肺炎疫情初期，很多客户在企业遇到困难时，依然愿意介绍新客户给我，因为长期积累的信任，他们觉得我靠谱。

很多人觉得声望听起来虚无缥缈，其实它非常实在，甚至可以像做工程一样去设计和积累。我们常常用三步法来构建声望的“复利资产”。

1.借势：站在巨人的肩膀上“造浪”

物理学上有个概念叫“势能”，石头从山顶滚落，比从山脚下起步冲击力大。

如果你现在是条“小船”，最好的策略不是单打独斗，而是靠近“大船”。这里的核心心法就是：别老想着“我要成功”，先想着“我能帮谁取得巨大的成功”。最好的方法就是给优秀的人当背景板，给大佬当助力，给专家打下手，给前辈做案例。我结拜的妹妹，这招用得淋漓尽致，现在我见她都要“预约”了。她最开始给董明珠的“明珠商学院”做执行院长，后来曹德旺先生的福耀科技大学在前期筹备过程中，她成了福耀科技大学商学院的负责人。这对她来说，就算典型的“借势”。

当然，借势不等于抱大腿，而是价值交换，搭“顺风车”。顶级的借势是把自己也变成“可借的势”。

2.持续输出：让声望像“滚雪球”一样增长

声望的积累，不是靠一次性爆发，而是靠长期的稳定输出。你要有节奏地传递价值，给别人创造确定性。很多人在做内容分享或自媒体时，会追逐热点，希望“一炮而红”。然而，这种行为其实是让别人设定鼓点，自己跟随。别人敲鼓，你在后面追，最终你会发现，结果往往是一地鸡毛，毫无长远价值。

声望的底层逻辑是“被需要”的频率，医生因能治愈患者而被记住，顾问因能解决问题而被传颂，作家因能写下金句而被铭记。你的内容就是你的资产，你的输出就是你的投资。

刘润每天在公众号输出商业思考，坚持10年，最终沉淀出《底层逻辑》等畅销书；樊登通过每周讲书，把“读书”变成个人IP符号。在建立声望的过程中，我们都需要建立“价值输出流水线”。

低频场景：每季度做一场公开演讲或直播（提炼阶段方法论）。

中频场景：每周发布2篇千字文章（公众号、知乎）。

高频场景：朋友圈日更3条以上（创业心得、客户见证、生活温度）。

用产品思维做内容，就像我现在写下的这些文字，距离我开始动笔写这本书的第一个字已经过去一年多了，我很用心地改了又改，调了又调，就是希望能对得起每一个对这本书有很大期望的同学。我希望能给你带来启发，哪怕只有一点点。

持续输出就像健身，前3个月最煎熬，3年后同龄人开始羡慕，10年后人生状态彻底拉开差距，这就是声望的威力。

3.守住底线：别让“破窗效应”毁掉招牌

最重要的是，你要明白一件事：声望的积累需要时间，但毁掉它可能只需一瞬间。信任是底线，一旦破了，你的声望资产也会崩塌。所以，承诺的事，无论多难都要做到；出现问题时，主动沟通，千万别让信任的链条断掉。

所有坍塌都是从“小事上妥协”开始的，一定要给自己设置“防火线”。道德层面、法律层面、学术层面、情绪层面的底线坚决不能打破。一定要学会拒绝诱惑，每天问自己3个问题：①10年后这件事还重要吗？②我的客户会因此尊重我吗？③我的对手希望我怎么做?

任正非拒绝上市套现，坚持“把利润投入研发”，守住华为技术声誉；老干妈的创始人陶华碧坚持不贷款、不上市、不做广告，用产品口碑打败资本游戏；同仁堂300多年屹立不倒，靠的不是“灵活”，而是门口那块“炮制虽繁必不敢省人工，品味虽贵必不敢减物力”的祖训。

声望是“慢变量”，但值得我们用一生去经营。

财富会通胀，权力会过期，唯有声望能穿越周期。它不需要讨好所有人，但要求你在关键时刻用底线换底气，用专业换敬意，用时间换信任。当你的名字成为某个领域的代名词，或者你的品牌成为某个品类的代名词，当陌生人在你的推荐下埋单，当危机来临时有人为你辩护，这就是你多年经营下来，声望给予你的护城河。

第七节 进阶修炼

掌控财富人生的终极指南

我们这一代人，太容易把“财富”简化为数字，收入多少、资产几何、投资回报率是多少。但真相是：财富，从来不是一个静态的财务报表，而是一座动态建构的生命系统。

现在，我们不谈财富自由，只谈财富的“自由度”，这背后是你定义资源、设计路径、与世界产生关系的能力。

1.地基：先建你能站稳的那栋楼

我想先问你一个问题：当你想到“富有”，脑子里浮现的，是不是豪车豪宅、被动收入、环游世界？如果是，那你想到的是“有形资产”。确实，它们是你财富系统的地基，没有它，你再有梦想也会因现金流断裂而卡死在半路上。

但更深一层的觉醒是：拥有资产不是目的，它只是承载更高价值的容器。真正高维度的财富修炼，从来不是存多少钱，而是你如何从“用时间赚钱”升级为“用钱买时间”。

别小看这句老话，穷人用时间换钱，富人用钱换时间。这句话揭示了第一个真相，那就是你要先从“收入思维”进化为“资产思维”。

工资不是你的安全感来源，能产生现金流的资产才是。你能否从每个月赚的钱里拿出30%投到产生未来价值的项目里？能不能思考你是否拥有“生金蛋的鸡”？房产、指数基金、系统化生意、版权、数据资产等，是你从“努力挣钱”到“构建资产机器”的转型工具。

但我要提醒你，高手的第一课不是“多赚”，而是“守得住”。是的，资产一定要有“防护栏”，如一年应急金、保险机制、抗跌配置等。当你想东山再起时，这些就是你命运的保障。

2.杠杆：财富的高度，取决于“无形资产”的厚度

很多人低估了“看不见”的资产的重要性。想真正实现飞跃，从来不是靠手上那点钱，而是靠脑子里的“复利系统”。

什么是无形资产？是技能、人脉、品牌、IP、数据、影响力。这些是别人偷不走、时间夺不去的，它们是你的财富未来几年持续增长的杠杆。

你有没有一项技能，是别人愿意付费的？有没有一个社群，是你能持续输出价值的？有没有一个个人品牌，是别人一提起

你，立刻就能想到的？

别焦虑，我们可以从“T型成长”开始：先选一个领域深挖到底，如演讲、写作、咨询、设计，再横向发展协同能力，如表达、人际交往、项目管理等，你正在构建一个“价值矩阵”。

高手不仅会“构建”，他们还懂得“传播”。真正的高手，他的脑海里一直有一个声音在提醒他：我能不能持续提供价值？比如，写文章、做播客、录课、写书……你输出什么，就吸引什么。

数字资产、内容资产、自媒体IP，是你进入“流量—信任—变现”正循环的起点。

别忘了，我们不是在“工作”，而是在构建一个“复利引擎”。

3.引擎：精神资产，是决定你能走多远的核心能量

第三栋楼，是最被低估的财富——精神资产。

很多人觉得，有钱了就自由了。但真正的自由，从来不是“钱能做什么”，而是你“想做什么”时的那种笃定与从容。你有没有发现，情绪稳定的人，往往在事业上更稳；认知通透的人，更容易做出长期主义的选择；有内在驱动力的人，在低谷期也能爬起来继续干。

这背后是精神资产在起作用。

我们常说“认知升级”，实现升级不在于多读几本书，而在于你有没有换掉旧系统、装上新的“人生操作系统”。你能不能

从“对错”模式转换为“成长”模式？从“结果焦虑”转换为“过程信任”？从“比较他人”转换为“关注自己”？这些才是真正决定你能走多远的隐形力量。

我建议你养成三个习惯。

冥想+复盘。每天留出15分钟，问自己：今天做的事，是长期有价值的吗？

高频接触高手。和认知比你高的人说话，会促进你的认知升级。

做有意义的输出。你写下的每一个字，说出的每一句话，其实都是你内在精神的“数字化”。

当你的内心越来越安稳时，财富的回报就越来越“听话”。因为你不会轻易中断、不会被情绪左右、不会掉进诱惑的陷阱。

普通人以为获得财富只有一条路，先赚到钱，再学点技能，最后考虑精神追求。但高手知道财富的本质是“系统飞轮”。

你的有形资产让你可以安心积累无形资产；你的无形资产让你拥有创造更多有形资产的能力；而你的精神资产则是让你在路上不断归正、不断复利的“内驱引擎”。

三个层次，不是递进的，而是并行的。

你现在所有的焦虑，可能只是因为你把这三者割裂开了。但只要你将这三座大厦纳入一个生命系统——你的人生，就不再是“赚钱—焦虑—再赚钱”的疲劳战，而是“创造—积累—涌现”的正循环。

财富不是你“赚了多少”，而是你“掌控多少”。掌控的不是账户余额，而是你对时间、选择、价值的掌控。财富的终极自由，不是银行卡上的数字膨胀，而是你终于拥有了“拒绝诱惑、笃定选择、创造世界”的自由。你真正的财富，不在他人眼中，而在你自己的系统里。

现在，请问自己三个问题：

我现在的每一笔收入，有多少是来自可复利的资产？

我有没有每天养自己的“第二职业”，如个人品牌、自媒体、咨询、投资能力？

我有没有一套可以让自己不依赖激情，也能持续前进的生活系统？

如果你愿意写下答案，那么恭喜你，你已经在心中按下了财富自由的开关。这是一场修炼，从今天开始，你已在路上。

第七章

觉醒篇

觉醒的人，活在选择里；

沉睡的人，活在命运里。

那一天，你决定对自己开一枪，

开启生命的重生之旅；

开始学会放下过去，放过自己，

开启关于心的觉醒之路。

不将就、不妥协、不被定义，

誓将生命不可多得的剧本演绎好。

第一节 灯塔

不被定义，女性力量不可估量

亲爱的姑娘们，你是否曾在深夜辗转反侧，听见内心有个声音在轻声叩问：这是我想要的生活吗？

亲爱的姑娘们，你是否曾一个人默默地发呆，心中有无法言说的委屈和不甘，虽然隐隐作痛但只能作罢妥协？

亲爱的姑娘们，你是否会在午夜梦回，听见灵魂深处传来的一声叹息：我究竟是谁？

醒醒吧！

循规蹈矩、随波逐流的生活并没有给你带来你所预期的幸福，反而让你在本该神采飞扬的大好年华，活得卑微而苍白。那还不如勇敢地做自己！

你有多少次总是把自己放在最后，忽略自己、委屈自己、压抑自己？！

亲爱的，你要先明白，你不是谁的妻子，不是谁的女儿，也不是谁的妈妈，你首先应该是你自己！是的，做你自己、靠你自己、放飞自己、成就自己！

随心所欲地去冒险、去生活，探索自己的极限到底在哪里。看看觉醒后的自己是怎样的神采奕奕，看看那个突破桎梏的自己到底拥有怎样的超级吸引力！看看那个不将就、不妥协、不被定义的自己是怎样发挥女性智慧、表现生命力的！

就在今天，我对自己开了一枪，

这一次，我决定好好爱自己。

不将就、不妥协、不被定义，

勇敢地做自己，演绎好我自己这不可多得的人生剧本。

1.勇敢做自己——世上最奢侈的叛逆

在这个热衷于贴标签的时代，做自己是最动人的叛逆。从小到大，我们被无数个“应该”包围：应该温柔体贴，应该相夫教子，应该适可而止，应该找个稳定的工作……这些“应该”像无形的绳索，将我们捆绑在他人设定的轨道上。

2022年冬奥会，谷爱凌完成的空中1620度转体动作震惊了世界。夺冠后，她没有留在滑雪场重复自己的成功，而是选择去斯坦福读书，尝试投身时尚、写作、商业。她说不想被冠军束缚，人生还有很多可能性。

当吴艳妮在起跑线上做出招牌动作时，有人说她“太张扬了”，有人说她“不够谦逊”。但她依然昂着头，画着精致的妆，带着那股“我就要这样”的劲儿冲过终点。我特别喜欢她那种个性，哪怕被误解，也要活出鲜明的自己。

不止名人这样，我们身边越来越多的女孩正在打破常规。

28岁辞去高薪工作去旅行的甘芳说：“稳定很好，但我不想在最好的年纪被工作填满生活。”

35岁选择冻卵的Lina说：“婚姻不是人生的KPI，我的子宫我做主。”

40岁重返校园读博士的王姐说：“年龄是别人给的枷锁，学习是我给自己的自由。”

她们也许在“正派”人眼里有些“叛逆”，但你也该问问自己，是不是恰恰因为这些“叛逆”，使她们能忠于自己？

当我们能真正做自己时，所有的标签都会自动脱落。因为，真正的自由，不是没有束缚，而是你终于敢对自己说：这样就很好！

2.不将就、不妥协——生命拒绝打折

超市里临期商品可以打折出售，但你的人生不行。有多少女孩在不知不觉中，把自己活成了“打折商品”？

感情上，年纪不小了，找个差不多的就行了；工作上，虽然不喜欢，但稳定更重要；生活上，将就着过吧，反正大家都这样。

这些观点像慢性毒药，一点一点侵蚀着你对生活的热情。

你想过吗？当你对感情将就，换来的可能是无话可说的婚姻；当你对工作将就，换来的可能是日复一日的麻木；当你对生活将就，换来的可能是一眼望到头的未来。

那些“不将就”的女孩，后来都怎么样了？

我的学员多多，是个宝妈，在生完孩子的第二年信心全无，后来在我的课堂上，她说自己的梦想是开烘焙连锁店，后来我支持她去新西兰学习，现在她已经准备开第三家门店了。

园园是个“90后”单亲妈妈，离婚的时候，亲戚劝她为了孩子要忍忍。她说：“正因为为了孩子，我才不能让她学会将就。”也许一个人带孩子比较辛苦，但周末的时候她还是会带女儿去美术馆、图书馆。她女儿在作文里写：我妈妈是世界上最酷的妈妈。

再比如天后王菲，我相信她的故事大家都清楚。记者问她：准备给窦靖童找个什么样的爸爸？她回答说：“窦靖童有自己的爸爸，我要找的是自己的伴侣。”我觉得她特别酷。

真的怕我们活到70岁回望人生的时候，很遗憾地发现：我们从未为自己真正活过。

给我的姐妹们一句真心话：亲爱的，将就的人生就像穿不合适的鞋子，外人看着很好，但是只有你自己知道有多磨脚。你可以暂时买不起香奈儿，但永远不要把自己活成打折商品。因为生命只有 次，你值得不打折扣地绽放。

3.不被定义——活成流动的诗

这个时代太爱贴标签了，特别是针对女性。30岁未婚就算“剩女”；事业有成就是“女强人”；喜欢打扮就是“花瓶”。

我要为女性说一句公道话：烦死了，去你的“标签”，那是大众给女孩设置的牢笼。听我的，你本来就该是自由的风，飒飒的、酷酷的。

你看张伟丽，当人们说“女人不该打拳”时，她用UFC金腰带证明女性可以既温柔又强悍。

你看余秀华，当人们只关注她的残疾和“脑瘫诗人”标签时，她用诗句回应：“我身体里的火车从来不会错轨，所以我允许大雨、风暴、泥石流和荒谬。”

你看杨天真，当社会对“大码女孩”充满偏见时，她创立大码女装品牌，笑着说：“美不止有一种标准。”

她们都在告诉我们：真正的自由，是活成一首无法被简单概括的诗——时而温柔，时而铿锵，但永远忠于自己的韵脚。

亲爱的，你的人生就不该被定义，你的人生不该是填空题，等着别人来填写标准答案；人生应该是开放的命题，由你自由书写每一页，怎么喜欢怎么来。

所以，从今天起，有人试图用标签定义你时，你就笑着大声回应：抱歉，我的精彩无法被简单归类。

4.女性力量——不可限量的光芒

我第一次听到“女性力量不可估量”是在2017年，我的朋友张总在她品牌的年会上做的主题演讲。这句话当时对我的冲击非常大。演讲的内容我忘了很多，但是现场女孩热泪盈眶的场景我依然记得，就像一场思想的洗涤，直到现在还影响我。

当下确实是女性力量崛起的时代。女性的力量也许并不张扬，但掷地有声。

真正的女性力量是一种无须证明的从容，是如水般既能包容又能穿石的韧劲；是在每一个平凡的时刻都忠于自己的勇气，我生来本就是高山而非溪流。与其说是觉醒，不如说是拿回真正属于她们的东西。

亲爱的，你不必成为别人眼中的“强大女性”，你只需要成为完整的自己就行。可以脆弱，但总会重新站起来；可以温柔，但永远保有自己的锋芒；可以平凡，但绝不辜负自己的内心。

我也努力为你们助力，让世界听见你们的声音！

有人说：“女性觉醒，就算看透了这个世界的残酷。”

我不这样认为，真正的觉醒，不是让你变得冷漠，而是让你学会在黑暗中保持内心的光！真正的觉醒者，不是熄灭自己的火把，而是成为别人的灯塔。因为还有太多的姐妹，依然在黑暗中踽踽独行，她们可能已经被现实的生活击垮，甚至不敢相信自己。所以，这个世界需要你的光。不管你的光够不够亮，都能让某些人第一次看清楚自己的模样。

让我们携起手来，做那个黑暗中依然点灯的人；做那个寒冷中依然发热的人。

女性力量，不可估量！

爱你们，我的姐妹们！

第二节 允许

允许是穿越一切的力量

你有没有发现，我们生活在一个“对抗”的世界？对抗不确定性，对抗时间流逝，对抗自己的恐惧和脆弱。越对抗，越内耗；越执着，越感到无法掌控。为什么？因为很多人根本没有学会“允许”。

允许不是逃避，也不是妥协，而是一种极深的内在修为。它看似简单，但其实是高手的隐秘心法，是打破人生局限的钥匙。从普通到卓越，真正的转变从“允许”开始。允许是打开自己、与生命和解的力量。高手的成长，从来不是靠对抗走出来的，而是靠穿越对抗，回到与自己的内在联结。

我们一起从“允许”这个看似简单的词开始，走上一条不一样的成长之路。你可以问问自己：我为什么不被允许？

你有多久没有安静地问过自己："我为什么总是焦虑，总是要更快、更好、更完美？"我们常常把这种焦虑归因于外界：任务太多、环境太恶劣，但本质上，这些外在的压力只是我们内在冲突的投射。

你不允许自己失败，因为你害怕被否定；你不允许自己脆弱，因为你担心被人看不起。

你不允许自己停下来，因为你觉得停下就意味着落后。

但亲爱的，这些是真的吗？你有没有想过，正是这种"不允许"，把你一直困在疲惫与自我消耗的循环里？

成为一个真正通达的人，第一步是对自己诚实。允许的开始，就是看清我们内心的抗拒：你为什么不被允许？只有当你敢于面对自己的内在冲突，真正的转变才会发生。

现在，请你闭上眼睛，问自己一句："此刻，我还有什么不能被允许的？"

也许，你会发现答案比你想象的多得多。你要成为真正的自己，不是通过增加什么，而是通过接纳已经存在的一切。

1.允许自己不完美，是一种真正的勇气

你有没有发现，我们从小就被灌输一个观念：只有足够好，才值得被爱、被肯定。所以，我们学会了伪装、逞强、追求完美，甚至靠不断取得外在成就来掩盖内心的脆弱。但真相是，不完美才是生命的本质。你在这个世界上的价值，从来不是因为你

有多完美，而是因为你是真实的、独一无二的。

允许自己不完美，不是懈怠，是重新回归。它需要巨大的勇气，因为我们习惯了用外在的评价体系来定义自己。当你开始允许自己不完美时，你会发现，那些曾让你焦虑的“缺点”，其实只是你对自己的误解。

想象一下，一朵花有瑕疵的叶子，它会因此停止开放吗？不会。因为它知道，它存在的意义就是盛开，不需要完美。你也是如此。当你允许自己有“不足”时，真实的力量才会显现。所以，从今天开始，当你感到疲惫时，请试着对自己说一句：“没关系，我允许我有现在的样子。”

2.允许混乱，是和世界的一场深度合作

亲爱的朋友，你是不是渴望一切都能按计划进行？一个清晰的方向、一个完美的策略、一个毫无波动的未来。但生活从来不是这样的。

生命的特质在于变化，而变化本身就是混乱的。试图消除混乱，就像想让风停止吹动、水停止流动一样，是徒劳的。高手和普通人的区别，恰恰在于此：普通人试图对抗混乱，而高手允许混乱存在，并懂得利用混乱。

因为他们知道，混乱并非阻碍，而是创造的种子。混乱中藏着新的秩序，而这个秩序，只有你允许它发生时，它才会显现。当你面对生活中的不确定时，不要急着寻找答案。请试着对自己说：“我允许一切暂时无序。”混乱并不是永恒的，它只是生命正

在重新调整的过程。

3.允许停顿，是给成长留出空间

有一种误解深入人心：停下来，是一种浪费时间的行为。但你有没有注意到，自然界里最重要的成长，往往都发生在“停顿”中？

冬天，大地休眠，但这并不意味着它“无所事事”。它积蓄能量，才能迎来春天的复苏，人也一样。我们总是以为，成长需要“做更多”，却忘了成长同样需要“停下来”。

停顿并不是懒惰，而是与自己的内在重新联结的契机。允许停顿，是给内心的智慧腾出空间。你越忙碌，越会被表面的琐事困住；而当你停下来时，你会发现，真正的答案早已在心底。

朋友，不妨从今天开始，给自己预留一些“空白时间”。哪怕是10分钟，哪怕只是一场静静的散步。你会发现，那些停顿的时刻，往往比拼命赶路更有意义。

4.允许“不知道”，是打开生命可能性的钥匙

下面，笔者想与你谈谈“知道”和“不知道”。我们生活在一个推崇“知识”的时代。知道得越多，似乎就越安全。而高手之所以是高手，不是因为他们知道一切，而是因为他们敢于承认自己“无知”。

“知道”是有限的，而“不知道”是无限的。只有当你允许自己“不知道”，你才会对世界保持好奇，对未来保持开放。真正的成长，不是从答案开始，而是从提问开始。你有没有试过面

对一个问题时，不急着得出结论，而是停下来感受它的未知？当你允许自己“不知道”，你就打开了生命更多的可能性。

5.允许一切发生，生命的终极自由

真正的强大，从来不是掌握了你生命的所有变量，而是在变量中保持柔软。

你还记得那个加完班的深夜吗？你站在空荡的电梯里，允许自己流下眼泪。那一刻的脆弱，反而让你触摸到真实的自己。

你还记得某次项目失败吗？当你不再苛责自己，允许自己“这次没做好”，反而看清了真正的成长方向。

你还记得辅导孩子作业时焦头烂额的自己吗？当你允许孩子“松懈”，放过自己，你才能看清孩子在学业上真正的问题。

那些被允许的片刻，就像黑夜中的萤火虫，微弱却温暖。生命中最珍贵的部分，往往都藏在“允许”里。当然，这不是消极的妥协，而是一场温柔的内心革命。

真正的自由，开始于你允许生命如其所是。

最后，有些话我想跟你说。

亲爱的，

我知道你一直很努力，

努力做好一切，

努力让所有人都满意。

今天，请允许自己：

不必时刻完美；

不必永远坚强；

不必着急赶路。

当你学会允许，

就像给紧绷的琴弦松了松劲，

生命反而能奏响更悠扬的旋律。

你会发现：

那些困住你的自我批评，原来只是误解；

那些让你焦虑的混乱，原来是生命的创造力；

那些被你忽视的停顿，原来是成长的机会；

那些“不知道”的时刻，原来是无限的可能性。

当你允许一切发生时，你就穿越了一切！

第三节　无畏

从无力到强大，感受你的觉醒之旅

凌晨1点，美业老板娘小林关掉店里的最后一盏灯，看着镜子里疲惫的自己。这个月的业绩又没达标，团队士气低迷、老客户流失、新客转化难……她问自己："为什么别人做生意风生水起，我却越努力越焦虑?"

你是否也有过同样的经历？深夜在公司加完班，站在落地窗前，望着城市的灯火通明，心里回想起被KPI追赶的日子、被别人的期待压弯的脊梁，以及想改变却无能为力的瞬间。

每天忙得像陀螺，照顾家人、努力工作、迎合别人的期待，仿佛世界上所有事情都比自己重要。可深夜独处时，内心却不断质问自己："我这么拼命，到底是为了什么?"

我们习惯了忍耐，习惯了取悦他人，习惯了“先照顾好别人”，可在这个过程中，我们似乎把自己弄丢了。如果你经常感到疲惫、焦虑、迷茫，这不是因为你不够好，而是因为你一直在为别人而活，忘了看见自己。你忘了自己本身是一团火，只是暂时被生活盖上了灰烬。

觉醒，从来不是突然的顿悟，而是灰烬下的火星复燃。

它开始于一次微小的觉察，当你发现“焦虑原来可以不是枷锁，而是信号灯”；当你意识到“无力感不是终点，而是起点的前奏”，你便开启了这场从无力到强大的觉醒之旅。

1.觉察：看见深渊，才能长出翅膀

如果你不主动停下，生活会用最残酷的方式逼你停下。太多女性都习惯了“先把事情做完，再想自己”。但事情永远做不完，自己却在这个过程中被一点点消耗殆尽。

有个朋友刚生完孩子没多久，就急着恢复工作，一边熬夜带娃，一边操心公司的事。她告诉我：“我不敢停，我一停下来，家里事和工作全都会乱套。”

直到有一天，她在公司开会时突然晕倒，被送进医院，医生警告她：“你的身体已经严重透支，如果再这样下去，迟早会垮。”那一刻，她才意识到，原来她一直在拼命满足所有人的期待，唯独忘了自己。

你呢？你有没有在某个时刻发现自己已经疲惫不堪，却还逼自己继续撑下去？

原来这些年，你一直在扮演“别人眼中的优秀”，却弄丢了自己。

每天抽出10分钟，不刷手机，不工作，只是安静地坐着，闭上眼睛，听听自己内心的声音。问问自己：我现在的生活，是自己真正选择的吗？我每天的忙碌，是我想要的，还是“必须这样”？我拼命满足别人的期待，真的换来了快乐吗？

觉察是觉醒的第一道光。它让你看见那些“应该”背后隐藏的恐惧；那些“必须”裹挟的自我否定；那些“做不到”其实是别人的预言。

你知道吗？真正的强大，始于承认自己迷了路。

2.觉知：在裂缝中照见真相

“为什么总是我？”

你有没有发现，总是自己在付出，却换不来同样的回应？总是自己在让步，却没有人珍惜你的牺牲？总是自己把所有事扛在身上，却越来越累、越来越委屈？

有个女性创业者跟我说：“林老师，我总觉得自己的人生像个无底洞，我不停地努力、不停地付出，可是为什么我还是得不到想要的东西？”

我问她：“你小时候是不是经常被教导‘要懂事、要乖、要付出’？”

她愣了一下，点了点头：“是啊，从小家里人就告诉我，女孩就应该多付出，不要太自私。”她突然明白了，她的行为模式，从小就被塑造成“取悦型人格”。她一直在努力满足别人，而不是满足自己。

我们的很多焦虑、委屈，其实不是突然出现的，而是长期以来的行为模式使然。我们以为自己在“努力”，但实际上我们是在“讨好世界”。

下次你感到愤怒、委屈、不甘心时，试着问自己：

我为什么会有这样的情绪？（是因为不被尊重，还是因为被忽视？）这个情绪，曾经在我生命中什么时候出现过？（小时候被家人忽视？曾经的感情经历？）这个情绪是我的真实需求，还是我被教导的“应该”？

觉知，是觉醒的第二次呼吸。当你说“我害怕”时，会听见心底的“我想要”；当你遭遇否定时，会发现“他人的评价≠我的价值”；在至暗时刻，你会感受到生命深处的韧性。

这种过程如同种子破壳，令人感到疼痛，但能看见光的方向。

3.觉悟：杀死心中的“假想敌”

“我到底是谁？”

很多女性都会经历这样的阶段：年轻时努力工作，结婚后努力成为“好妻子”，生孩子后努力成为“好妈妈”……但她们逐渐发现，不管自己多努力，世界总是要求她们做得更多。

“如果我不再是妻子、不再是母亲，我还剩下什么？”

这不是个容易回答的问题。很多女性一生都活在社会的期待里，而不是活在自己的期待里。可以试着写下三件让自己感到真正满足的事情，不管它能不能带来金钱或认可，比如：

我喜欢帮助别人解答问题；

我喜欢画画，它让我感到平静；

我喜欢读书，喜欢学习新的东西。

这些，就是你的意义线索。

觉悟，是觉醒的第三次日出。它让你明白，我们那些“不够好”的焦虑，是内心的小孩在求救；那些不确定的迷茫，是生命在激发我们蜕变。

就像海浪不再试图抵抗礁石，而是学会借力起舞。真正的无畏是停止战争，开始对话；你是谁不取决于别人，只取决于你自己。

4.觉醒：活成自己的光

真正的觉醒，不是迎合世界，而是成为真实的自己。

很多女性创业者告诉我，她们最难跨越的一步不是赚钱，不是做项目，而是“敢于相信自己”。

你敢不敢为自己的人生做决定？你敢不敢不再活在“别人的期待”里，而是活成“真实的自己”？

觉醒有三大特征。

不再被外界影响。别人说什么不重要，重要的是你想成为什么样的人。

面对挑战，不再害怕。你不再退缩，因为你知道，所有的经历都是让你变强大的过程。

活在当下，坚定而自由。你不再为了“别人眼中的完美”而活，而是珍惜每一天真正属于自己的快乐。

很多女性创业者告诉我：“林老师，你的分享让我感觉被疗愈。”但我想说：“真正疗愈你的，不是我的话，是你开始勇敢面对自己的那一刻。”

每个人都是一束微光。

觉察，让你更清晰；

觉知，让你更坚定；

觉悟，让你更有力量；

当你真正觉醒，你不仅能照亮自己，还能影响无数人。

觉醒从来不是轰轰烈烈的革命，而是在某个清晨，你看着镜中的自己，突然温柔地说：“你不必成为谁的火把，你只需要成为自己的光。”

那些曾让你感到无力的，终将成为你的力量；那些曾让你恐惧的，终将化作你的翅膀。

因为真正的无畏，不是消灭所有黑暗，而是带着光，走出黑暗，并在此过程中，发现自己就是光明本身。

第四节　疗愈

人这一生，终究要和自己和解

有个名人说过："事情压不垮人，但是情绪会压垮人，不要被情绪所绑架，要学会和自己和解，当你和自己和解的时候，你会咽下所有的脾气，磨平一生的棱角，笑着面对曾经讨厌的人和事，变成一个不动声色的人。"

《人间失格》中有一段话："在所谓'人世间'摸爬滚打到至今，我唯一愿意视为真理的，就只有这一句话，一切都会过去的。"

从儿时起，家里每次面对困境的时候，我母亲都会跟我说："日子总是越过越好的。"

我们每个人心里都住着一个不肯长大的孩子，紧紧攥着过去的碎片，以为那是保护自己的铠甲，却不知道那些锋利的边缘，正在一寸一寸地割伤现在的自己。

那个熟悉的场景，那句没说出来的话，那段放不下的过往，就像老电影一样在脑海中循环播放。你揉了揉太阳穴，轻声问自己：“为什么这么多年过去了，我还是放不下？”

人这一生啊，终究要学会和自己和解！你知道吗？和解不是认输，而是终于明白：伤口需要的是阳光，不是反复撕开的痂。

1.看见那个不肯被原谅的自己

有一次，我在课堂上分享我向我母亲“证明自己”的故事，我留意坐在靠前位置的王姐的反应，她从头哭到尾，后面的内容似乎也没听进去。下课后，我让助理带着她来找我交流，因为我知道她内心一定有过不去的事情。

果然，她说：“如果当时我再努力一点，母亲也许就不会……”这个“也许”像咒语一样困扰了她20年。她一边倾诉，一边止不住地大哭，我用力地抱了抱她，轻声打断她：“你惩罚自己的时间，都快赶上你母亲在世的时间！”我顿了顿，又说：“如果我是你母亲，我会很心疼的，来，孩子，让我抱抱。”最后我在她耳边轻轻地说：“我看到了，不怪你……”

我们常常把执念误认为是深情，把自我惩罚当作救赎。那些“如果当初”的假设，那些“本应该”的苛责，都是我们给自己建造的精神牢笼。

和解的第一步，不用着急原谅，而是先看见那个躲在阴影里的自己。然后对他说：“我看见你了，也看见你的痛了。”

2.放下不是遗忘，是重新解读

首先，你要明白：放下过去，不是把记忆都删除，而是从另外一个角度解读故事。当你换个角度重新看你生命当中的那些疼痛：那个背叛你的恋人，教会了你辨别真心的能力；那次惨痛的失败，锻造了你东山再起的韧劲；那些求而不得的东西，让你学会了珍惜触手可及的幸福。

过去从来不是负担，我们对过去的解读才是。那些反复咀嚼的“如果当初”，那些夜不能寐的“本应该”，都是我们给自己戴上的“紧箍咒”，时不时让痛苦“发作”。

真正的放下是：你先承认事情已经发生了，然后接受当时的你做出了最好的选择，明白教训不等于终身惩罚。就像恢复古董的金缮工艺，裂痕不会消失，反而可以成为艺术品的一部分。

也许记忆不会改变，但是我们可以改变记忆的重量。

3.放过自己，就是最深刻的慈悲

我记得林语堂说过：“人生在世，还不是有时候笑笑人家，有时给人家笑笑。”

罗曼·罗兰说过：“世界上只有一种真正的英雄主义，那就是在认清生活的真相之后依然热爱生活。”

我想说：生活嘛，别太较真，放过自己。

你再回想一下：你是不是自己一个人承受风雨，自己淋湿了，还要为别人撑伞？你是不是总是自己一个人默默承受委屈，还要去迎合、讨好别人？你是不是总是对别人掏心掏肺地付出，却得不到别人的回应，因而一个人苦恼？你的心是不是经常会被一些人、一些事扰乱，然后自己想太多？

人，要学会放过自己，善待自己。

如果事与愿违，那么一定是生命对我们另有安排。我们的努力也许不会有结果，但一定有意义。放下你的执念吧，能困住你的，从来不是别人，而是你自己。此刻你可以摸着自己的心口对自己说：

不争了，失去的会以另一种方式补偿回来；

不熬了，就顺其自然地发展下去吧；

不说了，懂的都懂，不懂的也不需要懂了；

不想了，乱糟糟的事情，本来就不属于我。

一念放下，万般自然。

如果可以，在某个午后或者深夜，放下所有工作、所有杂事儿，找个没有人的地方，跟自己握手言和。

那一刻，让所有“应该”和“必须”都安静下来，你只需要关照自己心里那个简单而陌生的念头：我，还好吗？

然后摸着自己的心口，感受自己的心跳，跟过去的自己说一声：“对不起，我亲爱的自己。”

与自己和解，不是认输了，而是你终于敢于承认：

你不需要完美，才能被爱；

你不需要永远正确，才有价值；

你不需要耗尽自己，才配得上幸福；

你不必成为谁眼中的那个“最好”，你只需成长为自己愿意拥抱的那个人。

因为你深深地明白：每一个伤口都是光照进来的地方，那些让你辗转反侧的遗憾，最终会变成你生命的独特纹理；疲惫不是软弱，而是身体的诚实，当你允许自己休息，才是真正开始尊重生命；完整比完美更接近生命本质，就像月有阴晴圆缺，它的光芒却不因此而减少。

你我都不需要证明给谁看，活出自己的样子就挺好。此刻，请你轻轻地对自己说：“辛苦了，这一路走来，你真的不容易。但现在，我选择与你和解。”

是的，你值得这份温柔，尤其是来自你自己的那一份。

第五节 升维

顶级“玩家”升维人生的极致体验

有人每天上班像“坐牢”，盯着时钟等下班；有人却把工作当成“闯关游戏”，越挑战越兴奋。

有人遇到挫折就崩溃，抱怨不公：“为什么又是我？”有人面对失败，眼睛却发亮：“又要解锁新的经验了！”

这不是能力的差距，而是维度的差异。低维的人用“生存模式”活着——焦虑，竞争，疲惫不堪；高维的人用“玩家心态”体验人生——自由创造，乐在其中。

今天，我们就来破解如何从“被动生存”升维到“主动创造”。做一个顶级的“玩家”，酣畅淋漓地体验人生这场“随意探索、自由创造”的游戏！

1.顶级玩家的心态：人生不是战场，而是游乐场

你接触的人越多，就会发现那些有趣的人总对你有致命的吸引力。为什么？因为他个人能力强弱跟我没关系，他很有趣就跟我有关系。

那些顶级的高手都偷偷地把自己的人生调成“游戏模式”，与其过多在意不可预知的结果，不如用“玩家心态”尽情地驰骋在尘世间的输赢体验里。

（1）玩家心态的核心是什么

不执着于结果，享受过程（输赢都是经验包）；

主动挑战，而非被动承受压力（困难是升级的关卡）；

用“玩”的心态做严肃的事情（工作、关系、成长都可以很有趣）。

这也说明了为什么有些人总感觉很苦，而有些人总感觉很酷。因为苦的人被恐惧驱动：怕失败、怕丢人、怕不被人认可；而酷的人被热爱驱动：对新事物充满好奇、有创造力。

（2）如何切换到玩家模式

每天问自己：“如果这是一场游戏，我会怎么玩？”遇到困难时想：“面对这个挑战，我解锁了什么新技能？”定期做“心态重启”，像打游戏一样，输了就重来，不纠结。

比如，埃隆·马斯克把造火箭探索太空当作梦想和使命，而非苦差事。

2.升维的关键：从“三维生存”进化到“高维创造”

低维的人活在“物质层”：钱、房、车；高维的人活在“能量层”：影响力、智慧、爱。

（1）升维的三大表现

认知升维：看问题能看到系统，而非碎片（比如，打工思维→创造思维）。

能量升维：情绪稳定，内在有力量（弱者抱怨，强者转化）。

关系升维：从“索取爱”到“成为爱”（爱是最强的吸引力）。

（2）如何从“三维”跃迁到“高维”

①时间：活在“永恒的当下”

过去：不后悔，只提取经验（这件事教会了我什么？）。

未来：不焦虑，只明晰愿景（10年后我想成为谁？）。

当下：全神贯注，专注于价值创作（此刻我能创造什么价值？）。

②空间：从“小我”到“大我”

小我思维：我怎么赢→陷入零和游戏。

大我思维：怎么让大家都赢→进入无限游戏。

③能量：从消耗到创造

消耗模式：被动反应（被问题推着走）。

创造模式：主动设计（按照自己的节奏走）。

3.极致体验：被“爱”滋养的飘香灵魂

人生这场游戏，最极致的体验就是：时常有心流，被爱一直包裹着，灵魂一直被滋养。

我经常在课上分享：如果爱没有增加，一切都不会改变！人可以不认识人，但灵魂一定认识灵魂。

爱，从来都不是依赖，也不是占有，而是一种能让你的灵魂飘着香味的能量。就像一朵花不会为了被欣赏而开放，它只是自然绽放，散发芬芳。同样，被爱滋养的人，不会刻意讨好谁或索取什么，而是活在一种温暖、从容、充满生命力的状态里。他们就像一缕幽香，别人会不自觉地想要靠近他们，久久回味。

（1）爱是专注地投入

当你真正热爱一件事、一个人，甚至爱当下的自己时，你的眼神会变得柔和，呼吸会变得深沉，整个人就像被一层光晕笼罩。这种状态，比任何香水都迷人。就好比画家沉浸在创作中，指尖沾满颜料却浑然不觉；母亲凝视婴儿时，嘴角会不自觉地上扬。

（2）爱是能量的流动

爱不是消耗，而是流动。当你真心给予爱，宇宙会以另外一种形式回馈你。就像你对山谷喊“我爱你”，听到的回声一定是“我爱你”。当然，爱不是控制、讨好，或者交易，那些带有目的性的所谓的“爱”，本质上是索取，是你需要回报的假付出。

（3）爱是极致的体验

爱的最高境界是“忘我”。忘记时间、忘记评判、忘记得失，只剩下纯粹的感知和交融。就像热恋中情侣觉得“这个世界只有我们两个人”；就像修行者入定时感受到的“与万物合一”的状态。这种极致的体验是难以描述的神奇。

真正的极致人生，不是你拥有多少，而是你爱了多少！

看到这里，你准备好按下你人生的“升维键”了吗？没有人能困住你，除非经过你的同意。从今天起，你可以按下“升维键”，把每个挑战都视为升级机会；启动“玩家模式”，用热爱代替恐惧来驱动人生；激活“爱力系统”：给予得越多，被回馈的能量越大。

记住：地球这个游戏场，从来不会拒绝真正的玩家，当你选择用高维的方式活着，整个世界都会为你调整难度设置。

第六节　修行

心若菩提，次第花开

人生是一场修行，关于自我觉醒的修行。

很多人误以为修行就是躲进深山、逃离红尘，实则真正的修行是带着觉知活在人间烟火里。修行从来不是寻找新的风景，而是擦亮那双被世俗蒙蔽的眼睛，重新照见自己最初的模样。

修行，本质上是在修心。以“心若菩提”为底色，以清净心看世界；随后“次第花开”，在红尘试炼中逐层觉醒。

这一生，我们注定要在寒凉和温暖中、喧嚣和虚幻中、得意和逆境中，培养出一颗“如如不动”却“鲜活慈悲”的通透心。

1.心若菩提：菩提心的九重修炼

（1）寒凉中修仁爱之心

困境往往是慈悲的试金石：人在顺境中施舍易，在寒凉中给予难。如果暂时做不到像杜甫一样“安得广厦千万间，大庇天下寒士俱欢颜”的悲悯，那就每天做一件无成本善事，如一个真诚的微笑、一句随喜的赞美、一次耐心的倾听。

（2）温暖中修感恩之心

当别人对我们好的时候，你要多想想凭什么；当别人对我们不好的时候，你也多想想为什么。在你的生活中，如果你得到了别人的温暖，记得常怀感恩之心。因为大多时候，他们本不用这么做。感恩之心，离财富最近；感恩之心，离贵人最近；感恩之心，离奇迹最近。

（3）喧嚣中修定力之心

王阳明相信：越是艰难处，越是修心时。这个快节奏的时代，喧嚣本就是它的底色，我们要学会用“静”来生智慧。当你拥有定力，知道自己要去哪里，就不会被吵闹的环境裹挟。你可以每周到附近能让你安静的地方，滋养一下灵魂。

（4）虚幻中修诚挚之心

《金刚经》中有一句经典论述：一切有为法，如梦幻泡影。如露亦如电，应作如是观。事物的存在都是短暂而不坚实的，如同闪电，转瞬即逝。你唯一能做的就是用你的真诚和诚挚之心取悦自己，不讨好别人、不做作。

（5）无常中修宽容之心

允许他人如其所是。对不合预期的人和事愤怒，本质上就是对无常的抗拒。人生之事，不如意者十有八九。无常才是常态，无常才是正常。

（6）平凡中修敬畏之心

所有伟大的梦想都有一个被嘲笑的开始，那些不平凡的奇迹都源于平凡的积累。不屑于做小事的人，永远成不了大事。所以，我们要怀有敬畏之心。敬畏琐碎，敬畏平凡，敬畏你不屑于做的很多小事。

（7）诱惑中修原则之心

当今这个世界，诱惑简直多到你不敢想象。但是你要清楚，诱惑的背后可能就是悬崖。那些我们以为的捷径，有可能是弯路。所有的诱惑，背后都标好了隐形价格，等你来交易。所以，要坚守不说谎、不骗人、不赚快钱的原则。

（8）得意时修谦卑之心

上帝要想让其灭亡，必先让其疯狂。人们最容易摔跟头的时候，就是自己得意之时。人在高光时刻，容易看不见自己的影子。你越是在取得一定成就的时候，越要去做“笨拙”的事，如抄经、放生、练书法等。

（9）逆境里修勇敢之心

逆境往往是装饰过后的礼物，逃避低谷的人，会错过命运给予的馈赠。任何时候，你都应该有东山再起的勇气和魄力。因为人生的那些勋章，都来源于逆境，毕竟只有泥泞的道路上才会留下脚印。那些所谓的“事故”最后往往会变成我们引以为傲的故事。

2.次第花开：照见本心的五重觉醒

（1）初醒：种子破土，见众生相（关照）

觉醒始于凝视深渊。当你在早高峰地铁里，突然看清人群麻木的脸；当你在庆功宴的碰杯声中，听见内心荒芜的回响，就像一粒被春雷惊醒的种子，第一次意识到黑暗并非永恒。原来，世间的美好才刚刚开始！

（2）渐悟：枝丫伸展，破我执障（破妄）

你开始不再用“年薪、房车、头衔”丈量生命，而是开启一场撕碎标签的浪漫革命：暴雨天为流浪猫撑伞，去荒山看一场流星雨，去海上看海豚，给10年前的自己写封信，在落叶上写诗并编成册。

那些能触摸灵魂的活动，像嫩芽顶开碎石的过程，远比绽放更加壮丽。你开始喜欢上那些在别人看来“毫无意义”的事。

（3）通透：树冠如盖，纳三千界（融通）

这时候的你，在人间烟火里修禅定：能在孩子的哭闹中读《庄子》；能在堵车时欣赏沿途风景；能在股市崩盘时泡一壶好茶；能在背叛面前说“我懂你的恐惧”。

你似乎已经把生命这场游戏的通关钥匙攥在手：什么都是刚刚好！就像树枝在风中摇曳，不是妥协，而是以柔韧之姿与万物共舞。

随时随地，都能心生欢喜。

（4）慈悲：落红成泥，化众生苦（利他）

当你看透同事的刻薄源自他童年的创伤，当你知道对手的贪婪源于对生存的恐惧，你刚生起的愤怒便可化作一声叹息。原来最高级的浪漫是悲悯！希望所有伤害我的人，都能被温柔对待；希望我的痛苦，能成为他人免于受苦的舟筏。

落红不是无情物，化作春泥更护花。花朵之所以凋零，是为了把色彩还给大地，把芬芳赠予长风，把躯壳化作来年的养分。这世界，利他就是最好的利己。

（5）涅槃：枯木逢春，照见永恒（合一）

觉醒者终极的浪漫，是看似枯朽的老树，地底根系正与万里之外的森林交换养分。

看《新闻联播》能见众生业力流转，扫门前雪能悟因果缘起，点外卖时感知整个生态链的呼吸。

在寻常中，参悟宇宙的规律。诸法因缘生，诸法因缘灭。《金刚经》有云：“应无所住，而生其心。”

许多年后，当你在某个清晨泡茶时，不再焦虑水温是否合适，而是专注凝视茶叶舒展的姿态。

当你在会议上被人质疑时，不再急着反驳，而是从容微笑着回答：“这个观点很有趣，请展开说说。”

当你面对人生的得失起伏时，不再追问“为什么选中我?”，而是平静地接纳之，一切皆为修炼的契机……

这便是次第花开的真谛，那些在寒凉中修的仁爱，诱惑里守的原则，巅峰处养的谦卑，早已融进你的骨肉，让灵魂生出一层温润的包浆。

最终你会发现，修行不是为了成为完人，而是为了把生命活成一条慈悲的河流。流过土地便滋养草木，途经暗礁便激起浪花，遭遇寒冬便凝结冰晶；永远朝着大海的方向，不拒点滴，不弃微末。

心若菩提，便步步生莲；次第花开，即处处净土。

第七节 进阶修炼

写给那个慢慢找回自己的人

亲爱的姑娘，或许你已经不记得上一次好好做自己是在什么时候了。生活像是一部被拧紧的发条剧，每天睁眼，就要立刻进入角色——母亲、妻子、员工、领导……唯独没有你自己。

你总是把自己排在最后，别人开心了，你就笑了；别人满意了，你就安心了。可到了夜深人静，你盯着天花板发呆时，内心那个小小的声音却轻轻地问："我是谁？我想要的生活是这样的吗？"

觉醒，像是冬天里一颗沉睡的种子，在无声无息中缓慢苏醒。

你以为人生是战场，其实它更像是一场修行。真正的进阶，不是跨越别人，而是找回自己。

你不是某个标签下的角色，不必强求自己符合社会期待。你是你，是那个在午夜里偷偷擦眼泪却依然咬牙坚持的你。

这一刻，就是进阶的起点。

你开始意识到，生活里不需要有KPI，幸福不是别人给的奖赏。你终于愿意承认，那些年你拼命地想赢，其实只是为了获得被爱的资格。而真正的爱，从来就不是证明出来的，是你本就值得拥有的。

现在，请你写下那个答案，那个你从来不敢承认的愿望：“我曾那么努力，其实只是为了……”

过去，我们习惯用“别人的标准”来丈量自己。年纪到了要结婚，结了婚要生娃，生了娃要稳定，稳定了又要做出牺牲。你在别人的期待里周旋，像个优秀的演员，演得入木三分，却从未被真正看见。

可你知道吗？那个被压抑的你，从来没有离开过，她只是暂时沉默了，像灰烬里的一点火星，只需要一次喘息，就可以再次燃起。

你以为你在努力变好，其实你在渴望被允许。允许自己失败，允许自己懒惰，允许自己不完美。你终于明白，真正强大的人，不是永远不哭的人，而是敢在清晨的阳光下，为自己煮一杯咖啡，然后微笑着说：“今天我选择善待自己。”

这是觉醒的第一步，你开始为“我是谁？”这个问题寻找真正的答案。

有人说，女人的觉醒，是对世界残酷真相的反击。我不这样认为。真正的觉醒，是你与自己和解，不再和世界争高低。

这份觉醒，从某种意义上说，是一种顶级的财富修炼。

你开始重新审视自己的“资产配置”：你的精力，不再浪费在无意义的迎合上；你的情绪，不再被无价值的关系牵动；你的投资，不再是为了获得认可，而是为了靠近那个发光的你。你明白，世界上最昂贵的投资，就是你愿意忠于自己。

当你活得真实，当你敢于按照自己的节奏生活，当你愿意停止讨好外界，你就已经在创造自己“心灵资产”的复利曲线。

那条曲线，不依赖升职加薪，而是建立在你信任自己、肯定自己、活出自己的质变之上。

接着，你开始进入一个更深的阶段：觉知。

你不再一味追问“我怎么了？”，而是开始反问“我为何如此？”。你开始追溯那些信念的根源：为何从小就觉得“要听话才值得被爱”？为何面对冲突时总是选择退让？为何总把别人的情绪看得比自己重要？

此刻，请写下一个你一直遵守的“潜规则”，它也许不再适用于现在的你，却还默默主导你的人生。写下它，并问一句：“这是我真正相信的吗？”

你会发现，很多看似理所当然的选择，其实都不是你真正的意愿，而是为了适配这个社会、配合他人。你觉知到，你的焦虑，不是因为你做得不够好，而是因为你太久没听见自己的声音。

你也许会经历一段空窗期，一段“我不知道自己是谁，但也不想再回到从前”的模糊状态。这很正常。这是从“被动生存”到“主动创造”的必经阶段。

就像顶级玩家从不急于通关，而是享受每一次闯关的快感。他们不把生活当成战场，而是当成游乐场；不是为了赢别人，而是为了升级自己。哪怕面对失败，他们也能笑着说：“好耶，我又解锁了新的经验包。”

你开始把困境当成觉知自己的机会。情绪来了，你不再压制它，而是问它：“你从哪里来？你想告诉我什么？”你不再对抗焦虑，而是学会与它共处。你不再怕混乱，而是允许混乱产生新的秩序。

你甚至开始享受“不知道”的状态，因为你知道：不知道，才有无限可能。在这样的状态里，你开始升维了。

你从“三维的生存模式”中脱离出来，不再追求“稳定”和“别人的肯定”，而是开始问自己：“什么让我有能量？什么让我有生命力？”

你的生活不再是围着外界旋转的轨道，而是自己点燃的一团火，走到哪都带着光。

你开始“爱”上自己的生活方式。你发现，有一种更高级的自由，不是可以做任何事，而是你终于不用再讨好世界。这就是觉醒的第二步，你开始停止自动运行的脚本，转而用意识去回应外界。

当你穿越情绪的迷雾后，你终于来到了第三步：觉悟。

你不再试图“改掉”自己那些看似不够好的部分，而是慢慢接受它们，拥抱它们。你不再把“不完美”视为失败，而是把它看作你的一部分；你不再因为“脆弱”而羞耻，而是承认那正是你作为人的真实与深情。

不是因为你变得更强了才能被爱，你原本的样子就已经足够。

从这一刻开始，你不再把自己活成一个答案。你不再追求一个“别人满意”的版本，而是愿意成为那个“我喜欢的我”。

你愿意成为的“我”是什么样子？请写下你的答案。

你终于敢说“不”，敢慢下来，敢表达真实情绪。你愿意放下“必须完美”的执念，转而问自己：“我愿意吗？我喜欢吗？我想要什么样的人生节奏？”

你开始重新审视自己的“资产配置”：不再把所有精力用于迎合，而是回收能量，投资在真正能点燃你的事物上。你停止用别人的标准来衡量你的人生价值，而是自己定标、自己埋单。你终于明白：真正的财富，不在于你赚了多少，而在于你活得有多真。

这就是进阶的样子：不是没有迷茫，而是愿意走进迷茫；不是从未受伤，而是愿意带着伤继续向前；不是变得完美，而是活得诚实。

当然，这条路并不总是坦途。你会有一段空窗期，这期间，你不知道自己是谁，也不想再回到过去。

慢慢地，你开始习惯不确定，允许生活混乱一点，节奏慢一点，自己人性化一点。

你升维了，不是因为你拥有了什么，而是你终于放下了许多。你开始用创造者的眼光看世界，用玩家的心态生活。你不再纠结“为什么又是我?”，而是说“这个挑战，我来了”。

你不再期待别人理解你，而是自己先看见、接住自己。你不再追光，因为你本身就是光，你也在不知不觉中成为别人的光。

同事看到你活出真实，决定辞去那份令人窒息的工作；孩子看到你自由表达，知道哭泣不是错；素未谋面的她，在社交平台上读到你的文字，终于敢说一句：“我不将就了。”

这时你才明白：觉醒的意义，从来不是为了抵达“更好”的终点，而是你终于找回了最本真的你。你不再被标签定义，也不再以成绩为荣，你会因为“我就是我”而自豪。你走出了那个“必须优秀”的牢笼，走进了“我愿意”的广阔天地。你不再追赶光，因为你已经开始照亮世界。

你是自己的答案，也是别人的礼物。

你是穿越黑夜的那束光，是慢慢点亮世界的那个人。

亲爱的姑娘，请你记住这句话：

你本来就是光，无须借谁的火。

请你为这段旅程写下一句属于你的觉醒誓言，不为谁证明，只为自己铭记。

“我走到这里，是因为我……”